高情商表达

肖祥银——著

天津出版传媒集团
天津人民出版社

图书在版编目（CIP）数据

高情商表达 / 肖祥银著 . -- 天津：天津人民出版社，2021.3

ISBN 978-7-201-17094-7

Ⅰ. ①高… Ⅱ. ①肖… Ⅲ. ①语言表达－通俗读物 Ⅳ. ①H0-49

中国版本图书馆 CIP 数据核字（2021）第 020520 号

高情商表达

GAOQINGSHANG BIAODA

出　　版　天津人民出版社
出 版 人　刘　庆
地　　址　天津市和平区西康路 35 号康岳大厦
邮政编码　300051
邮购电话　（022）23332469
电子邮箱　reader@tjrmcbs.com

责任编辑　王昊静
装帧设计　尧丽设计

印　　刷　衡水泰源印刷有限公司
经　　销　新华书店
开　　本　880 毫米 ×1230 毫米　1/32
印　　张　6
字　　数　155 千字
版次印次　2021 年 3 月第 1 版　2021 年 3 月第 1 次印刷
定　　价　42.00 元

前言

PREFACE

在读本书之前，请你先想一想，你是一个情商高的人吗？你有没有因为情商低而在与人沟通上吃过苦头？你是否曾因为说了不合时宜的话而令他人不快？你是否曾直言不讳地揭他人的短？你是否曾因不知如何化解尴尬而羞愧难当？

表达是我们日常生活中不可或缺的一部分，在我们的人际交往中占据着不可撼动的地位。古往今来，但凡不通说话之道者，都难成大事；而能成大事者，一定在语言方面有其独特的精髓和真谛。

表达能力体现着一个人的涵养与素质，一个高情商的表达者总能把话说到点子上，时刻都能展现自己的个人魅力，在关键时刻靠一张嘴来扭转局面，化解尴尬，跟谁都能聊得来。高情商的人说出来的话会让人如沐春风，令人感到舒适惬意；而低情商的人则往往会成为“话题终结者”，不是制造尴尬，就是出现冷场。

其实，与人交流是一门学问，更是一门艺术。在职场上、家庭中、社交活动中，如何与人沟通，什么话该说，什么话不该说，在什么场合应该说什么话，在什么时机应该说什么话，都是有一定要求的。如果你不小心说错了话，很容易将自己置于不利的境地，给自己带来不利的影响。而一个高情商的人不仅会说话，而且更懂说话，他们知道在什么情况下说什么样的话。

与陌生人初次相见，你知道应该怎么寒暄吗？面对他人恶意的言语攻击，你会怎么回复？想要指出他人的错处，如何说才不伤人？谈话突然冷场，如何救场？陷入尴尬情境中，如何自我解围？怎样说服对方，才会使其心服口服？……

如果你曾经在说话上吃过亏，如果你希望通过提升自己的表达能力把握住职场机会，如果你希望通过有效的表达实现自己的目标，如果你希望在人际交往中如鱼得水，那么本书就是你的第一选择。

本书会教给你高情商表达的技巧，让你在与人沟通时说好礼貌话、社交话、幽默话、赞美话、批评话、拒绝话、说服话、分寸话，不犯他人的忌讳，避免陷入谈话的禁区，让你成为社交圈中的交际达人。

目录
CONTENTS

第三章 沟通在于交心，与人善言，对方才会心服

第四章 说话得体，沟通才能恰到好处

第五章 你的幽默值千金，化解沟通尴尬就靠它

第六章 巧用赞美之词，把话说到对方的心坎里

第七章 忠言也可顺耳，绕个弯批评，沟通会更顺畅

第八章 高情商拒绝术，说“不”并不难

第九章 沟通有禁忌，小心祸从口出

第一章

掌握高情商沟通技巧，每个人都能赢得人心

沟通是人与人交流的基本方式。在当今社会，人际交往越来越频繁，与人沟通就显得越来越重要。只有掌握了沟通的技巧，才能在竞争中脱颖而出。

沟通不仅是一门学问，更是一门艺术。一个人与他人沟通的本领，在很大程度上决定了他受欢迎的程度。一个会沟通、会说话的人能把话说到他人的心里去，令他人听着舒心，为自己赢得好印象、好人缘，进而给自己的生活、事业带来便利。

沟通是人人都必须掌握的一项本领

有关研究表明，善于沟通的人通常具有以下特征：聆听多于表达，尊重他人的隐私，不过于谦虚，犯错误时勇于承认并坦诚道歉，不给自己的不当行为找借口，不过分讨好他人，珍惜自己和他人的时间。

而不善于沟通的人主要具有以下几个特征：不懂得尊重他人，以自我为中心，过于看重功利，过于依赖他人，忌妒心强，自卑，偏激，退缩，内向，不合群，对外界充满敌意等。

在生活中，沟通离不开语言这个有力的工具，熟练掌握语言的艺术，有助于你获得好人缘，助你走向成功之路。

经典案例

有一位女士，她的性格偏内向，不怎么爱说话。可每当有人就某件事情向她征求意见时，她说出来的话总是特别“刺”人。

有一回，办公室的同事穿了一件颜色鲜亮的新衣服，别人都说“漂亮”“合适”之类的话。但当人家问她感觉怎样时，她却直接回答说：“你身材太胖，这件新衣服不适合你，并且颜色太艳了，跟你的年纪很不相配。”

这“直爽”的话一说出口，弄得当事人十分生气，并且其他称赞衣服好看的人也感到很尴尬。这使得当事人和周围的同事在以后的场合里，都不由自主地把这位女士排除在集体之外，很少有人再就某件事情去征求她的意见。但这位女士仍旧没有觉察到这种状况，经常把他人最不愿意听的话说出来。以至于到现在，全公司里几乎没有人愿意主动搭理她。

可见，在我们的日常工作与生活当中，不讲究谈话技巧就直截了当地指出别人的不足之处，这种做法明显是不受人欢迎的。要知道，这个世界上没有任何人是完美无缺的，所有人都或多或少存在某些缺陷与短处。当你想“如实”揭别人短的时候，要反求诸己地想想自己的短处，这样在说话时就会适当有所保留。给他人留一分面子，就等于给自己留一条后路，也就是给自己创造良好的人缘。

经典案例

小兰是个很热情的人。前些天，她参加了一次同学聚会，一个同学无意间向她提起，某商场正在准备设立一个饰品柜台，具体工作由他负责。说者无心，听者有意，小兰偷偷到商场看了一下，预计设立柜台的地方在商场的位置极佳，可谓寸土寸金。

小兰立即找到自己的同学，告诉他自己想承租。小兰的同学不放心，因为在此之前小兰从来没有做过饰品行业，更没有那么雄厚的家底。小兰告诉同学，其实自己是一个饰品厂家的代理人，铺货是免费的。

同学勉强同意让小兰试试，小兰立即联系了精通饰品生意的好朋友，说自己已经找到了一个很不错的商场，销售绝对没有问题，只要免费铺货，她保证业绩会很好。好朋友对小兰非常信赖，不但答应给她免费铺货，还给她推荐了几个很有经验的销售人员。

柜台开张后，业绩果然不错，小兰这个饰品生手也成了一个响当当的小老板。

学会沟通，善于沟通，是我们生存必备的本领。假如你懂得将这种本领融会贯通，得心应手地将其运用在你的生活与工作之中，你会发现你原来也是颇受他人欢迎的人。更为奇妙的是，从此以后，原来你感到束手无策的诸多问题，现在轻易就可以得到他人的热心相助。你的生活将处处充满灿烂的阳光，事业将更加顺心如愿。

事实上，你的社交活动越频繁，你成功的概率就越高。若能与各种人物广交朋友，并让他们乐意为你提供各种帮助，你还有什么事情办不成呢？

沟通箴言

在当代社会，学会与人沟通是我们每个人都应掌握的一项本领。善于与他人沟通，你会收获更多的友谊，得到更多的帮助；而不善于与人沟通，你会被孤立、被排挤，从而影响自己的工作与生活。

顺其心意，搭建沟通的桥梁

我们都知道，跟抱着戒备心的人不容易交流，因为对方心里有这样的想法："那个人和我的想法不一致，我们不是朋友，无法谈得来。"这时，我们不妨顺其心意，搭建一座沟通的桥梁，让对方不再对你产生敌意，而愿意与你沟通交流。

1500年前，唐朝围棋名手王积薪曾创立"围棋十诀"，其中有一诀叫"势孤取和"，意思就是在自己力量不够，不足以和对方抗衡的情况下，最好先跟对方和解或先顺着对方的心意，在避免和对方正面起冲突的前提下，等待最佳时机的到来。

在对话或谈判时也是这样，假如对方的实力比你强，或者对方十分坚持自己的立场，情势上不允许你强出头，你最好不要正面反驳对方。如果正面冲过去，可能会造成无法挽回的后果，即对方拒绝与你沟通或者彼此形成敌对的态势。

这时，你不妨运用"顺其心意"的沟通策略，先不要急着否定或反对对方的主张，先和他站在同一立场，然后再根据他的看法，加上你自己的建议，让对方慢慢消解对你的敌意，打开与你沟通的心门。

1. 与客户沟通

当客户对你说："尽管我们公司很想买升级电脑，但最重要的是费用上的考量。"

如果你掉头就走，觉得这笔订单无法成交，那你就大错特错了。会沟通的人是不会放弃与客户沟通的机会的，他们会用自己的口才说服客户，让客户改变心意，主动埋单。

因此，当客户这样对你说时，你可以如此回复："我了解贵公司有费用方面的考量，所以我才会提这样的建议，让贵公司使用升级电脑，不仅处理速度快，还可以搭配更多的应用软件，使人事费用和其他业务成本大大降低。从长远来看，贵公司反而可以省下更多经费。"

顺着客户的话，跟客户站在同一立场，使其将你的话听进心里。客户意识到这样做的好处，便很可能马上答应签约。

内行的推销员去拜访客户时，一进门就会先寻找和这家主妇能产生共鸣的话题——就算是极小的东西，也能作为谈话的开端。比如看见花瓶中的玫瑰花，便脱口而出："这玫瑰花好漂亮，我最喜欢花……"简单的几句话，就可以降低客户的抵触心理。

2. 与下属沟通

同样的策略，我们也可以运用于公司内部。每个公司都少不了几个比较顽固或激进的员工，这时，身为上司的你完全可以跟下属这样说："你的建议我非常赞成，我也很愿意支持你去做，但是，只要出现任何差错，我这个支持者就会失去立场，甚至要担起责任，到那时，可能没人敢再支持你了。"

这样一来，激进的下属考虑到可能会连累你，大多会静下心来反省自己；或者对自己很有信心的下属，在实施这个你全力支持的任务时，会非常小心，以免失去你这个重要的支持者。

3. 与情绪激动的人沟通

在理性回应的同时，我们也应该学会用心理学技巧来应对，那样对对话效果会有很多助益。

当你发现对方的情绪有点不稳，或者答非所问时，你可以暂时偏离主题，姑且聊聊另一个话题，先缓和一下紧张的情势，以免对方的情绪之火越烧越旺，等火势稍减，再找机会返回正题。

从语义学和心理学的角度来分析，这时你最好多用一些中性的、比较不刺激的转介词，如“话虽如此”“果真如此”“确实如此”等来降低对方的敌意，缓和对方的情绪。

总之，在与他人沟通时，你要先让对方知道你与他是站在同一立场的，你们不是敌对的，对方有了这一认知，他便不会再拒你于千里之外，接下来的沟通自然也就会更顺畅。

沟通箴言

我们都喜欢跟谈得来的人交朋友，喜欢跟谈得来的朋友说话。当对方对你有戒备心理、产生敌意时，你只有顺着对方的心意，才能打开沟通之门。

勇于承认错误，沟通才能继续

一个愚蠢的人，会尽力为自己的过错辩护；而一个聪明的人，却能主动承认自己的错误，给人留下深刻的印象，让人心生敬佩。所以，如果你错了，请你迅速、郑重地承认，不要试图推卸自己的责任。要知道，只有勇于承认错误，他人才会觉得你有担当，值得信任，并因此对你刮目相看。

罗曼·罗兰曾说："在你要战胜外来敌人之前，先得战胜你内在的敌人；你不必害怕沉沦与堕落，只请你能不断地自省与更新。"所以当发现自己有错误的时候，我们何不先责备自己，找出自己的缺点，那是不是比从别人嘴里听到批评要好受得多?

经典案例

一次，卡耐基带着他的宠物狗雷克斯在公园里散步。他见公园里人很少，于是便解开了雷克斯脖子上的皮带和口笼。碰巧这时一个骑着马的警察过来巡查，他看到卡耐基的狗，便大声说："你让那只不戴口笼的狗在公园里乱跑，难道你不知道这是违法的吗？"

卡耐基柔和地回答说："是的，我知道，不过我想它不会在这里伤害人的。”

那个警察听了，脖子挺得直直地说：“你想，不会……可是法律可不管你怎样去想……你那条狗会咬伤来这里的儿童，也许会伤害这里的松鼠。不过这次我就不追究你了，下次让我看到你那条狗不拴链子，不戴口笼，你就得去跟法官解释了。”卡耐基点点头，答应遵守他所说的话，并且对警察的宽宏大量表示感激。

但后来又有一次散步的时候，雷克斯似乎非常不愿意戴上口笼……于是卡耐基决定碰碰运气。起初安然无事，但到了一座小山上的拐角处时，卡耐基一眼就看到那个骑着马的警察……雷克斯却蹦蹦跳跳地直往警察那边冲去。这下卡耐基知道事情不妙了，所以不等那个警察开口，他自己先说了：“警官，我愿意接受你的处罚，因为你上次讲过，在这公园里不给狗戴口笼，那是触犯法律的。”

那警察听了卡耐基的话先是一愣，原本他打算要教训这个屡教不改的家伙的，但现在他决定用一种柔和的语气和他说话了：“哦……我晓得在没有人的时候，带着一只狗来公园里走走，是蛮有意思的！而且像这样一只小狗，不可能会伤害人的。”

卡耐基却很认真地说：“可是，它可能会伤害松鼠！”

“那是你把事情看得太严重了……我告诉你怎么办，你只要让那只小狗跑过山，别让我看到，这件事也就算了。”这样，卡耐基通过主动承认错误反而规避了惩罚。

试想，如果当时卡耐基和多数人一样和那个警察争论，那结果可能与当时的结果完全相反。在别人责备你之前，你快速地找个机会承认自己的错误，替对方说他想说的话，进行自我责备与反思，对方看到你认识到了自己的错误，他也就无话可说了，那么你很容易便会获得对方的谅解。

在与人沟通时，主动承认自己的错误，让他人看到你的诚意与担当，这也是获得他人认可的有效方式。当你做错事情的时候，请你不要担心道歉会丢了面子，于是与他人硬碰硬，这样做很可能使原本的小事变成大事，引起他人更多的反感，而主动承认错误，勇于认错，看似没面子，实际上却会赢得他人的信任与尊重，会为自己带来意想不到的好处。

沟通箴言

犯错不可怕，可怕的是犯错后不敢承认，反而还试图掩盖错误，这种自欺欺人的行为是最为人所不齿的，也会使沟通陷入死胡同。要知道，想要与他人顺畅沟通，赢得他人的信任与尊重是十分重要的。因此，请你学会为自己的错误负责任，勇于承认错误。

似慢实快，“慢”一点儿互动

当遇到情绪激动的人时，最好的解决办法就是让对方的情绪缓和下来。许多事实证明，缓解紧张的气氛主要在一个“慢”字。

1. 接线员的“慢”

我们都知道，如果谁拨110或打了119，肯定是发生了大事，如凶杀案、火灾等。那些接电话的警员和消防队员往往都很镇静，依旧用平常的口吻和打电话的人交谈，这是因为他们受过专业的训练，比普通人的抗压能力要强一些。

当人们慌慌张张地拨打电话时，大部分人会因为紧张或害怕而变得结结巴巴，说话也没了条理。但是，如果对方用从容不迫的语气询问，通报者就会跟着慢慢平静下来。尽管不少打电话报案或通知火警地点的人，都不太满意接线员那种事不关己的口吻，但这确实是一种有效的语言策略。原因很简单，他们的冷静自然会影响到通报者的情绪，使对方能够表达清楚。假如不这样，会有什么后果呢？

如果消防队员说：“什么！失火啦！在哪里？真糟糕，还在燃烧吗？好的好的，我立刻报告！电话号码！哦！不不，把地点告诉我！”

要是以这样的口气通话，通报者也许会急得连地点都说不清楚，这样势必会耽误很多时间，造成更大的损失。

2. 保险员的“慢”

在每家保险公司里，都有一个专门处理车祸的部门，主要由一些口才不错且善于把握人心的高手坐镇。当有人怒气冲冲地上门理论时，他们的动作总是不紧不慢的，连答话也是慢条斯理的，这样一来，对方激动的情绪很容易就被他们控制住了。

等那些人的情绪不再激动时，保险员才会开始说服对方。试想一下，假如你对一位极其愤怒的人大谈特谈、用尽机智，对方很可能一直沉浸在自己的愤怒之中，根本没有工夫去听你说的话，自然也就无法达到预期的沟通效果，结果只能是对牛弹琴，白白浪费唇舌与心机。

3. 相声演员的“慢”

不知你是否注意到，相声演员上台表演时，大多是一副从容不迫的样子。他们先慢条斯理地走上台，然后向四周张望一下，最后才慢条斯理地开口。虽然他们“浪费”了很长时间，但由于大家急于想看他们表演，所以自然就不怪他们了。

在接下来的表演中，听众会专注地聆听他们所说的每一句话，这场相声表演自然也就牢牢地抓住了听众的心，从而取得意想不到的效果。

4. 日常沟通中的“慢”

在日常沟通中，也经常出现类似的事情，因此，在对方激烈地提出抗议时，最要紧的是先想办法让对方紧张的情绪缓和下来。

由于对方已经失去了理智，就算你所说的观点再正确，对方也听不进去。这时，你非常有必要设置一个“瓮”，请对方慢慢钻进去。即从容应对，暂时先不要急于否定他的意见，这样，就算对方满怀怒气而来，也会暂时熄灭心头之火。

俗话说：“伸手不打笑脸人。”一方面，你的态度使他不好意思发作；另一方面，你的步调又与他不相配合，让他感觉十分泄气。于是，他的情绪也慢慢冷静了下来。

这就像有人上门跟你打架，假如你立刻跳出来，双方无疑会大打出手。相反，如果你给对方搬张凳子，或递上一支烟，对方也就无法再坚持敌对状态。而且，你不过是尽主人之道，言语上又没有低声求饶，自然算不得丢了颜面。不管从哪方面来看，都有必要采取这种话语技巧。

假如能先让对方的情绪平静下来，你的说服就成功了一半。所以，请你记住，在紧张的氛围中与人沟通时，他越急，你要越不急。

沟通箴言

“慢”是一种智慧，是看似慢，实际上却有助于提高沟通效率的一种方式。这就像武侠剧中“以柔克刚”的武功奥义一样，以慢带快，看似没有效果，实际上却更节省时间，是最佳的处理方式。

当一个好听众，善于倾听才能说得漂亮

对话需要双方参与，每一方都承担着双重的任务——说与听。你的“说”是为了对方的“听”，同时你的“听”也是为了对方的“说”。那么在“说”与“听”这两者之间，究竟哪一方对维持说话有着更重要的意义呢？答案是“听”。因为通过“听”，你才能够对对方有更多的了解，明白对方的需求，并以此决定应该向对方说些什么、该如何去说等一系列的问题。因此，做一个好听众也是非常重要的。

古希腊有这样一句民间谚语：“聪明的人，借助经验说话；而更聪明的人，根据经验不说话。”中国也流传着这样的话：“讷于言而敏于行。”它们均向我们昭示着这样一个道理：在日常的生活交往当中，应尽量少说话。

经典案例

美国汽车推销之王乔·吉拉德曾经有一次深刻的体验。

有一天，某位名人来向乔·吉拉德买车，于是吉拉德给这位名人推荐了一款最好的车型。那个人对车很满意，眼看交易就要成功了，名人却突然变卦了，一单生意就这样泡汤了。

吉拉德为此事懊恼了一个下午，他百思不得其解。到了晚上11点的时候，他忍不住打电话给那位名人："您好！我是乔·吉拉德，今天下午我向您介绍过一部新车，当时您已经决定要买下来了，但是为什么又突然走了呢？"

"喂，你知道现在是什么时间吗？"

"非常抱歉，我知道现在已经是晚上11点了，但是我检讨了一下午，实在想不出自己到底错在了哪里，因此特地打电话向您请教。"

"真的吗？"

"肺腑之言。"

"很好！那么你在用心听我说话吗？"

"非常用心。"

"但是今天下午你可没有，你根本没有用心听我说话。就在签字之前，我提到我的孩子吉米，他即将进入密执安大学读医科，当时我还很自豪地提到他的学科成绩、运动能力以及他将来的抱负，我以我的孩子为荣，但是你对这些话却毫无反应。"

吉拉德确实不记得对方说过这些话，因为他当时认为这笔生意已经谈妥了，所以他没有认真听对方说的什么，而是在听办公室里的另一位同事讲笑话。这就是吉拉德失败的原因：没有成为一个好听众，最终失去了一单大生意。

做一个好的听众不仅是对说话人的尊重，也是讨人喜欢的一个很重要的方式。从某种角度而言，听比说重要得多。这是因为会说话的人总会给人留下一种较为聪明的印象，而会听话的人尽管不像会说话的人那样引人注意，却能给人一种亲切、平易近人的感觉。与会说话的人相比，他们更具有吸引力。一般来讲，人们都渴望成为一个聪明的人，却不喜欢与聪明的人交往，而更愿意接近那些亲切并给人以关怀的人。由此可知，会听话的人比那些会说话的人更得人缘。而认真倾听对方的话语，则是尊重对方的前提。

经典案例

卡尔在纽约出版商格林伯主办的一个晚宴上遇到了一位著名的植物学家。卡尔以前从来没跟这位植物学家谈过话，但卡尔发现这个人很有意思，便专注地坐在椅子上倾听植物学家谈论大麻、印度以及室内花园等各种见闻。当植物学家知道卡尔自己有一座室内花园之后，还耐心地教卡尔如何解决植物生长的难题。

几个小时过去了，午夜来临，卡尔向宴会上的每个人道了别，然后便走了。那位植物学家转向宴会的主办人说了几句赞美卡尔的话，说卡尔是最有耐心的人。

后来，格林伯将这句话转达给了卡尔。听到这个评价之后，卡尔不解。其实，植物学家是因为卡尔做到了专心地倾听，对植物学家的谈话表示出了兴趣，所以才得此评价。

专心地听别人讲话，当一个称职的听众，是人们所能给予别人的最大赞美。杰克乌弗在《陌生人在爱中》写道："很少有人经得起别人专心听讲所给予的暗示性赞美。"由此看来，要想获得好人缘，最简单的方法就是做一个好听众。当你认真耐心地听完别人讲话时，别人自然而然就会对你有好感。

总而言之，开口之前应该善于倾听，只有做一个会听话的人，才能避免乱说话，进而赢得周围人的认可。

沟通箴言

耐心倾听对方谈话，做一个好听众，会让对方感受到你的尊重，从而使其更乐于与你沟通、交往。要知道，沟通的主要目的不是非要你说，而是双方达成一致。如果可以通过“对方说你听”的方式来达成这个目的，你又何乐而不为呢？

三步走，跟陌生人也能聊得来

跟陌生人说话时，很多人都会感到拘谨。你有没有想过，为什么跟老朋友对话没有这种困扰？很简单，因为我们很熟悉自己的老朋友，因而聊天时自然会感到舒服，而对陌生人，我们一无所知，所以即使想聊天，我们也不知道应该从何谈起。

如果想将陌生人变成朋友，那你首先要在心里建立一种乐于与人交朋友的愿望，然后再有所行动。跟陌生人对话，要更加留心对方的话，因为你对他所知甚少，所以更应该重视已经得到的线索。此外，他的声调、眼神和回答问题的方式，你都可以揣摩一下，以免说出令对方不快的话，从而影响沟通。

在与陌生人对话时，可以按照以下三个步骤进行：

1. 自我介绍

当你决定和某个陌生人对话时，你可以先介绍自己，减轻对方的戒备心理。当然，在介绍自己时，不一定先介绍自己的姓名，因为这样别人可能会觉得唐突。那么不妨先聊聊自己的工作单位，也可趁机问问对方的工作单位。一般来说，你先说了自己的情况，别人也会告诉你他的一些情况。

如果你要去拜访他人，可以提前了解下对方的一些情况，如职业、兴趣、性格等，并从中找到双方的共通点，从而开启谈话。

要是遇到那种比你更羞怯的人，你就需要先跟他谈些无关紧要的事，让他放松心情，以激起他谈话的兴趣。跟陌生人谈话的开场白结束之后，尤其要注意话题的选择，那些容易引起争论的话题应尽量避免。因此，当你选择某种话题时，要格外留心对方的眼神和小动作，一旦发现对方厌倦、冷淡的情绪，就要马上转换话题。

2. 分清场合

在不同的场合，你与陌生人交谈的内容也应有所不同，即谈话的内容要应景。

在朋友聚会上，如果你身旁坐着一个陌生人，你可以询问："您和主人是老乡还是同学？"不管对方怎么回答，你们都可以顺利交谈下去。即使答案不在这两者之间，如对方回答是"同事"，那你也可以跟对方继续谈下去。

如果你要到陌生人家里去拜访，在进入房间后，你可以好好观察一番，看看墙上挂的是什么，如国画、摄影作品、乐器等，并根据这些推断主人的兴趣所在。有时，室内某件物品也能牵引出一段故事。假如你把它当作一个线索，就可以由浅入深地了解主人。当你掌握一些线索后，就不难找到话题了。

当然，你在巡视房间时动作不要过大，以免让人产生被侵犯之感。你也可以先仔细观察某一处，并趁机夸奖、称赞主人一番，在感受到对方愿意与你交谈，对谈论的问题感兴趣时，你就可以进行深入的谈话了。

3. 聊对方的兴趣爱好

如果对方是个健谈的人，那么只要你适时提问，这场谈话就会让双方都感到舒服。例如，你可以问对方：“您平时喜欢做些什么呢?”“您有什么兴趣爱好吗?”“您喜欢下象棋吗？”如果你知道对方的兴趣爱好，并对其进行具体的提问，那么谈话就会更顺畅地进行下去。

如果你对对方的兴趣爱好不太了解，那么你可以静心倾听，并适时提问，这也能增强对方对你的好感。

应当注意的是，尽管有些人你不喜欢，但必须学会与他们谈话。如果你对自己不感兴趣的人不看一眼，一句话都不说，别人会觉得你很骄傲，甚至有些人会将这种冷落当作侮辱，从而与你产生隔阂。跟自己不喜欢的人谈话时，要遵循两条原则：一要有礼貌，二不要聊双方的私事。这是为了使双方自然地保持一定的距离。一旦你愿意和他结交，就要设法缩小这种距离，拉近彼此的关系。

顺利地跟陌生人攀谈，是给人一个好印象，进行良性互动的开始。学会跟陌生人攀谈，谁都可能成为你的知己好友。

沟通箴言

初次见面，经常会遇到请教姓名的事，当对方说出姓名之后，你应马上用这个名字来称呼他。如果碰到一个已经忘记其姓名的人，你可以表达歉意，如“对不起，不知怎么称呼您”；也可以只说半句，如“您是——”“我们好像——”，请对方主动补充回答。

善于观察和思考，你才能侃侃而谈

每个人都想在众人面前侃侃而谈，拥有令人羡慕的谈吐功力。但是很多人却总是这样抱怨："我也知道自己需要鼓起勇气，但是当我想要开口说话的时候，却不知道说些什么。"这个问题大部分人在说话时都会碰到。也许你也抱怨过自己的谈资不够丰富，那么就让我们来看看怎样搜集谈资吧。

1. 观察生活

"巧妇难为无米之炊"，其实只要你用心观察生活，就可以很快地积累许多值得讨论的话题。对我们来说，脑子里有丰富的谈资是很重要的。如果一个人在讲话时缺乏吸引人的谈资，那么他的话就会变得枯燥乏味、令人厌倦。毕竟谈话总是以生活为主要内容的，如果你的生活非常丰富，那么谈资也就不难找到。

而且，你还要多留心身边的人，也就是说你对自己的国家、工作的行业、同事、朋友、亲属等都要时常关注。你所见到和听到的，都要用心去思考、分析，而不是漠不关心。

2. 积累小事

在你读书、看报或上网的时候，记得备上一支笔，把你当天最感兴趣的新闻和好文章做个记号。当然，如果你能写下自己的想法，表达不同的意见更好。相信坚持一段时间，你就能记住不少有趣的事情，对事情的看法也会越来越深入。

按照这种方法，时间一长，你谈话的题材和资料就会变得很丰富，谈话时也会越来越自信。

3. 多读书

读书是积累谈资最有效的方式之一。很多人都觉得读书没有用，还不如多看几篇微信公众号的文章，或者刷一刷微博的热点。其实，读书的作用不会马上就体现出来，这是一个循序渐进的过程，书中的内容不仅可以增加你的谈资，还会让你的心灵得到熏陶，这是其他方法所不具备的。

腹有诗书气自华，有了充足的知识积累，有了开阔的视野与眼界，在与人沟通时你自然就不会哑口无言，不知从何谈起了。

为了达到自己的目标，在谈资问题上绝不能偷懒、马虎和随便，也许你觉得每天都去记几个故事或名言，长时间很难坚持下来，这时你一定要提醒自己：现在的积累是为了将来的收获。而且长时间和这些资料打交道，你得到的将不仅仅是好口才，你的思想水平也会有所提升。所以，从现在开始，注意观察你的生活吧！

沟通箴言

如果你做到了以上几条，就说明你是一个善于观察和思考的人。你已经离拥有好口才不远了。即使你现在还不太会说话，但你已经可以很容易地找到丰富的谈资了。那么就请你投入实践中吧，用你丰富而有趣的谈资去征服他人！

第二章

与人沟通，以礼相待是不可或缺的基本素养

礼貌是人们共同遵守的一种行为规范和道德准则，它是通往相互友好和尊重的一道桥梁。

一个有礼貌的人会给人留下良好的印象，让人乐于与其交谈；一个谈吐不俗的人，更会让他人如沐春风。这些良好的感觉不是建立在一个人的着装如何名贵华丽上，而是源自你待人接物的说话之道。沟通中的礼节直接影响着你的形象以及别人对你的态度。说好礼貌话，别人听得舒服，你自然会更受欢迎。

初次见面，一句寒暄拉近彼此的距离

我们平时在路上遇到熟人时点点头，接电话时说一声“您好”，既是礼貌，也是一种寒暄。寒，就是寒冷；暄，就是温暖。顾名思义，“寒暄”就是问寒问暖。寒暄的主要作用在于交流感情，尽管它比较单调、平淡且重复，却不可忽视。

比如甲找乙有事，见面后，见乙正在洗衣服，一般先寒暄一句：“你在洗衣服啊？”等对方有所表示（如点头或回答“是啊”）后，才言及正题。从信息传递的角度来看，甲的这句话既是对乙的招呼和提醒——我来找你，又表示了轻度的歉意——打扰你了。这就在一定程度上既联络了感情，又烘托了融洽的气氛。

初次相见，如果没有交往的需要，人们往往会互不理睬。但社会学家认为，在人们的潜意识里，作为社会中的人，还是希望能与他人建立联系，与人友好相处。只不过“难为情”、怕“碰钉子”等心理在作祟，使人们之间有了种种交往的藩篱。

经典案例

美国《读者文摘》1989年5月号刊登了一篇题为《简单的四个字，创造了星期一早晨的奇迹》的文章，说明了一句简单的问候语的作用。

在去芝加哥的列车上，大家都躲在自己的报纸后面，彼此保持着距离。

“注意！”一个声音响起。

“我是本次列车的列车长！”声音威严，车内鸦雀无声，“你们全都把报纸放下，现在转过头去面对着坐在你旁边的那个人，转！”

人们脸上充满了疑惑的神情，但无一露出笑容，这是人的本能。

“现在，跟着我说‘早安，朋友！’。”这是一道用军队教官的语气喊出的命令。

大家跟着说完，情不自禁地一笑。

生活中就是如此，人们即使面对陌生人也怕难为情，怕对方拒绝，于是采取缄默的保守态度。但随着一声“早安，朋友！”，车厢里的缄默气氛便一扫而光，人们之间的戒心消除了，车厢内洋溢着欢声笑语……

那么，为什么这简简单单的四个字有如此巨大的魔力呢？“早安”是一句问候语，是在表达亲善与友好；“朋友”是把对方当成朋友，更是一种信任和尊重。“早安，朋友”这四个字一旦说出口，双方都表达了亲切、友好的愿望，彼此之间的心理距离缩短了，藩篱自然也就拆除了。这不仅解除了坐车的寂寞，还增进了信任，加强了彼此的关系，活跃了车厢的气氛。

而且，据社会学家的研究，在社会交往中，与陌生人见面的前4分钟内只宜做一般性的寒暄，如问候、互通姓名、相互介绍、谈论一些无关紧要的话题等。至于与老朋友或熟人见面，基本原则是体现出与对方的相知，以及对对方的关心等。如此寒暄，能够使对方感受到感情的温暖，而且也比较容易回答，易于展开对话，交流感情。

在人际交往中，寒暄具体来说有以下几种方式：

1. 问候式寒暄

这是日常生活中最常用的方式。交往者可根据不同的场合、环境、对象等进行不同形式的问候。

比如，从年龄上考虑，对少年儿童可问："几岁了？""上几年级了？"对老年人问："您身体好吗？"对成年人问："工作忙吗？"对老师可以问："今天有课吗？"对作家问："又有大作问世吧？"对朋友、邻居、同事的问候就更丰富了，即使是对不认识的人的问候，如果用得好也能够加深关系、增进友谊。

2. 言他式寒暄

这也是日常生活中较常用的一种寒暄方式。人们彼此见面，尤其是与陌生人见面，大都以言他式寒暄开始，然后再进入正题。譬如"今天天气真好啊""这里的环境很幽雅"，类似的问候对双方来说都是可取的。

3. 触景生情式寒暄

这是针对具体的交谈场景临时产生的问候语。比如，对方刚做完什么事或正在做什么事，以及将要做什么事（根据对方的职业特点及日常生活习惯进行推测），都可以作为寒暄的话题。譬如"上班去啊？""下班啦？"以及"您在洗衣服啊？"这种寒暄，随口而来，自然得体。

沟通箴言

对他人说一句寒暄话，就可能收获他人的好感，赢得他人的信任。请不要小看这一句话的威力，在日常与人交流时，一句寒暄就能拉近彼此的距离，让双方都心存善意。

巧用礼貌用语，开启愉悦的沟通之旅

语言是双方沟通的桥梁，是双方交流思想感情的渠道。无论一个人在社会上扮演什么样的角色，担任什么样的职位，沟通都是必不可少的。

语言在人际交往中占据着最基本、最重要的位置。语言作为一种表达方式，能随着时间、场合、对象的不同，而表达出各种各样的信息和丰富多彩的思想感情。

在与人沟通时，只有注重语言细节，说礼貌用语，才能做到“礼多人不怪”。常用的礼貌沟通用语包括以下几类：

1. 称谓语

称谓是开启交流之门的第一把钥匙。与人见面时，我们都免不了要称呼对方。

每个人都希望得到他人的尊重，对有头衔的人称呼他的头衔，就是对他莫大的尊重。你若与有头衔的人关系非同一般，十分亲密，直呼其名来得更亲切。但若在公众和社交场合，称呼他的头衔会显得更得体。

对于知识界人士，可以直接称呼其职称。但是对于学位，除了博士外，其他学位就不能作为称谓来用。

2. 敬语

在比较正规的社交场合，比如与师长或身份、地位较高的人交谈时，与人初次打交道或会见不太熟悉的人时，或者出席会议、谈判等公务场合时，都需要用到敬语。

我们经常使用的敬语有“请”“您”“劳驾”“贵方”等。另外，还有一些常用的词语用法，如初次见面称“久仰”，很久不见称“久违”，请人批评称“请教”，请人原谅称“包涵”，麻烦别人称“打扰”，托人办事称“拜托”，称赞别人的见解称“高见”等。这些敬语虽然都是简简单单一两个字，但在交流中所起的作用是巨大的。

3. 谦语

与“敬语”相对的是谦语，是向人表示谦恭和自谦的一种词语。谦语最常见的用法是在别人面前谦称自己和自己的亲属。例如，古代人自谦时习惯称自己为“愚”，称家人为“家严、家慈、家兄、家嫂”等。

自谦和敬人，是一个不可分割的统一体。尽管日常生活中谦语使用的不多，但其精神无处不在。只要你在日常用语中表现出你的谦虚和恳切，人们自然会尊重你。

4. 雅语

雅语，意如其名，是指一些比较文雅的词语。雅语常常用在一些正规的场合以及一些有长辈在场的情况，以替代那些比较随便，甚至粗俗的话语。

使用雅语，能体现出一个人的文化素养。在待人接物中，如果你正在招待客人，在端茶时，你应该说“请用茶”。如果还有点心招待，可以说：“请用一些茶点。”假如你先于别人结束用餐，应该向其他人打招呼说：“请大家慢用。”雅语的使用不是机械的、固定的。只要你的言谈举止彬彬有礼，人们就会对你的个人修养留下较深的印象。

恰当地使用好这些细节语言，可以帮助你恰到好处地处理人际关系。但是，一定要注意语言使用的恰当性。虽有“礼多人不怪”的说法，但过分夸张地运用这些词语，又不免给人留下刻意奉迎的印象，有时甚至会影响他人对你能力的怀疑。

只记住上面列出的敬语、谦语、雅语还不足以应付每天的职场，你还要记住以下这些常用的词汇。

见面语：“早上好”“下午好”“晚上好”“您好”“很高兴认识您”“请多指教”“请多关照”等。

感谢语：“谢谢”“劳驾了”“让您费心了”“实在过意不去”“拜托了”“麻烦您”“感谢您的帮助”等。

致歉语：“对不起”“请原谅”“很抱歉”“请稍等”“请多包涵”等。

接受对方致谢或致歉时：“别客气”“不用谢”“没关系”“请不要放在心上”等。

告别语：“再见”“欢迎再来”“祝您一路顺风”“请再来”等。

忌用语：“笨蛋”“你不懂”“狗屁不通”“猪脑袋”等。

不管是名流显贵，还是平民百姓，作为交谈的双方都应该是平等的。交谈一般选择大家都感兴趣的话题，但是，有些不该触及的问题，比如对方的年龄、收入、个人物品的价值、婚姻状况、宗教信仰等，还是不谈为好。

说话通常是为了与别人沟通思想，要达到这一目的，首先必须注意说话的内容，其次必须注意说话时声音的轻重，使对话者能够听明白。

说话时与人保持适当的距离，除了考虑对方能否听清自己的话外，还存在一个怎样合乎礼貌的问题。从礼仪上说，说话时与对方离得过远，会使对话者误认为你不愿向他表示友好和亲近，这显然是失礼的。然而如果在较近的距离和人交谈，稍有不慎就会把唾沫溅在别人脸上，这是最令人讨厌的。有些人，因为有凑近和别人交谈的习惯，又明知别人顾忌被自己的唾沫溅到，于是先知趣地用手掩住自己的嘴。这样做形同“交头接耳”，样子难看也不够大方。因此，从礼仪的角度来讲，一般保持一两个人的距离最适合。这样做，既能让对方感到有种亲切的气氛，又能保持一定的社交距离，在常人的主观感受上，这也是最舒服的。

由此可见，在生活当中，若一个人总是习惯于出言不逊，那么他自然很难得到他人的喜欢。因此，我们在日常交往中一定要注意礼貌待人。

沟通箴言

语言可以称得上是一个人的名片，谈吐大方的人总是更受人欢迎。可以说，优雅的语言是与人共处的金钥匙，这是最珍贵的东西。在与人交谈时，请你多多使用礼貌用语吧，相信这会使你与别人的交往过程顺利许多。

说好称谓语，为良好沟通加分

如何称呼别人，是非常讲究的一件事。说好称谓语，可以使对方感到亲切，给别人留下一个良好的印象。反之，如果称呼不得体，往往会引起对方的不快甚至恼怒，使双方的交流陷入尴尬的境地，导致交流不畅甚至中断。

要想成为受欢迎的人，就要根据对方的年龄、职业、地位、身份，以及同对方的亲疏关系和谈话场合等一系列因素选择恰当的称呼，借此提升自己的魅力指数以及亲和能力指数。

经典案例

王女士今年快60岁了，由于日常保养得很好，看上去比实际年龄要年轻些。一次，她去菜市场买菜，一位新来的年轻姑娘热情地说："老奶奶，我们家的菜可新鲜了，看看您需要点什么？"

但让这位年轻姑娘感到奇怪的是，王女士听了不但没有搭理她，反而很生气地离开了她的摊位。这种奇怪的举动让这位姑娘感到很纳闷，她不明白是怎么回事。旁边的人悄悄对姑娘说："她不喜欢别人叫她老奶奶，你得叫她阿姨，她就对你热情了。"

原来，王女士虽然年纪有点大了，但是不愿意别人叫她“奶奶”。她经常来这个菜市场买菜，大家都认识她，而这位姑娘是新来的，对此当然不知道。

第二天，王女士又来买菜，那位姑娘亲热地说：“阿姨，看看我们家的菜吧，便宜又新鲜。”王女士高兴地凑了上去，看看这个，瞅瞅那个，选了不少菜。

由此可见，在人际交往中，称呼一定要符合文明礼仪的要求，要尊重对方，千万不可轻视对方或使用对方难以接受的称呼。这样不但很容易让他人产生反感，甚至还会让人记恨在心，久久无法释怀。

既然称呼如此重要，那么在交往当中就要慎重地选择称呼。一个会说话的人，在对别人的称呼上是绝对不会马虎的，总结起来大概有以下几个原则需要注意：

1. 要看对方的年龄

俗话说：“逢人减岁，遇货添钱。”意思是说，别人的年龄，要少说三五岁，别人的东西，要往贵了说。如今的老年人都有一种不服老的心理，其中女性尤甚，能喊“阿姨”的就别喊“奶奶”。

2. 要考虑自己与对方的亲疏关系

在生活中，对好朋友或关系较好的同事直呼其名，会更显得亲密无间。倘若是你对多年未见的同学、朋友，称呼“先生、女士”反而会显得关系过于疏远了。当然，为了打趣故作正经，开个玩笑也是可以的。

此外，在与多人同时打招呼时，更要注意亲疏远近和主次关系。一般来说，以先长后幼、先上后下、先女后男、先疏后亲为宜。

3. 要考虑对方的职业

称呼别人的时候，还要考虑到对方的职业。对不同职业的人，应该有不同的称呼。比如，对农民，应称“大爷”“大娘”“老乡”；对国家干部和公职人员，对解放军和民警，最好称“同志”；对医生应称“大夫”；对教师应称“老师”。

4. 要注意称呼的地域性

有些称呼具有一定的地域性，使用不当就会带来麻烦。比如山东人喜欢称呼“伙计”，但南方人听来“伙计”则是“打工仔”。中国人经常把配偶称为“爱人”，在外国人的意识里，“爱人”却是“第三者”的意思。

5. 要注意场合

有些称呼在正式场合不宜使用。例如，“兄弟”“哥们儿”等一类的称呼，虽然听起来亲切，但在正式场合不适用。

沟通箴言

在人际交往中，恰当地称呼别人，这代表着一种尊重，也是构建和谐人际关系的重要细节，会使对方的心里产生一种莫大的优越感和满足感。懂得恰当称呼别人的人，才会让人喜欢。所以，用好称谓语，会为你的人际交往加分。

常把“谢谢”挂嘴边，沟通会更舒服

无论一个人在社会上扮演什么样的角色，充当什么样的身份，礼貌都是维持人际关系的规则。礼貌看似事小，却直接影响着你的形象，以及别人对你的态度。

很少有词语一讲出就能立刻赢得一个人的好感，而“谢谢”这个词却有这个魔力。生活中，我们经常会听到这种抱怨：“我并不介意做所有的事，只要他每次能说声‘谢谢’。”“我为他做了那么多，他连声‘谢谢’都不会说。”

“谢谢”一词再简单不过，却常常被一些人轻视，或因其太简单而被忽略，以致人们在不知不觉中与好人缘失之交臂。虽然向别人表达你的感激之情并不是什么太难的事情，但在表达的时候，还是需要一些技巧的。

我们知道，表达谢意可以用很多种方式，比如鲜花、小礼物、请客等，不管是用哪种方式，“谢谢”这个词都要说出来或写下来。以下是一些传播这个不起眼但绝对重要的信息的方法：

1. 要诚心诚意

说“谢”字必须诚心诚意，并要让人感觉到这一点。一定要记住，表达你的感激不是什么表面文章，而是发自内心的感激。所以，表达自己的感激之情的时候，一定要真诚。

2．要直视对方

在互相注视的时候，交流通常比较容易进行。所以，表达感激的时候，最好是专注地注视着对方，这样你的话才显得是出于真心，你的感情才显得真挚。

3．要有具体所指

如果你一个劲地握住别人的手说“谢谢”，别人会不知所以然，那是因为你的感激显得空洞无物。所以，在你说“谢谢”的时候，一定要具体说出对方在哪一方面帮助了你，如：“我真的非常感谢您为我介绍了不少客户。”

4．表示回报

别人帮助了你，你就要投之以桃，报之以李，当他需要帮助的时候，给予他回报。但是很多时候，别人帮助你并不是为了回报，即便他们需要你的帮助也不好意思开口。所以，在你说“谢谢”的时候，不妨表达一下回报的意思。比如你可以说：“我很感激您能在开顾问会议时回我的电话，以后只要有用得上我的地方，请随时找我！”

5．送份礼物

送份礼物并附上一张便条，写上感激的话。只要你送的礼物能够恰当地表达出你的感谢，送什么并不重要。

例如，一个老板请他的朋友去看了场一流水准的高尔夫球赛。为了投桃报李，他的朋友买了一份独特的礼物——高尔夫球杆的缩微模型，然后写了一张感谢的便条放在礼品盒里，一并送给了他，老板收到后很开心。

6. 请客吃饭

邀请你要感谢的人去吃午餐或晚餐，一定要表明你这是为了感谢他的帮助。如果你邀请的是已婚者，应当把其配偶一并邀请去。

7. 说“谢谢”时，不忘对方的名字

在表示感谢的时候，不要忘记对方的名字。“谢谢你”和“谢谢你，小李”的效果是完全不同的，尤其是在你们并不是太熟悉的时候。

8. 表达要自然

表达感激之情的时候，你的话一定要清晰而自然，不要吞吞吐吐、含糊其词的，那样会给对方做作的感觉。在需要表达感激之情的时候，一定是别人做了对你有帮助的事，你是受益者，所以你的感情应当是充满快乐的。

总之，要养成感谢别人的习惯，一句真心的感谢，会让人满心欢喜。但要注意千万不要虚假客套，那样别人会觉得不舒服。

相信每个人在听到你真诚的“谢谢”时，心里一定是高兴的、喜悦的。所以，如果你想成为一个受欢迎的人，就把你的感激表达出来吧，不要把它藏在心里，那样永远也不会被人知道。

沟通箴言

也许很多人不是不想表达他们的感激之情，只是不知道该如何开口，只好选择了沉默。那么，请你从现在开始尝试多说“谢谢”，将“谢谢”挂在嘴边，成为一个令人舒服的沟通者。

真诚致歉，融化沟通中的坚冰

敢于道歉是一种勇气，也是有教养的表现，道歉能使友人和好、仇人变友人；能使恋爱顺利、婚姻幸福；能使家庭和睦、邻里愉快；能使工作顺利、同事融洽相处……总之，它是人际关系中必不可少的润滑剂。

衷心道歉不但可以弥补破裂了的关系，还可以增进感情。当然，真正的道歉不只是认错，也是表示承认自己的言行破坏了彼此的关系，而这种关系对彼此都很重要，所以希望能重归于好。

在拥挤的公共汽车上常常遇到这样的情形：一个人不慎踩了另一个人的脚，这个人马上诚恳地向对方表示歉意，说："对不起！"被踩的人虽疼痛未消，却也表示了谅解："没关系！"同类情况在一些青年乘客中有时却会出现另一种局面：踩人者无动于衷，被踩者骂骂咧咧。于是开始了一场舌战："你眼瞎啦？干什么踩人？""你才眼瞎了呢，没看见车挤！怕人踩，坐出租车去！"你来我往，吵得不可开交。

面对同一件事，为什么会有截然不同的态度、截然不同的结果呢？很简单，只因前者知礼，后者无礼。请不要小看这声"对不起"，它可以化干戈为玉帛，平息一场令人厌烦的无谓争吵，使一触即发的冲突烟消云散。有些人却对提倡讲礼貌不以为然。他们说："搞那些形式客套有啥用?""都是些生活小事、细枝末节，不值得三番五次地宣传。"

不可否认，讲礼貌确实是一种形式，但这种形式是表达一定的具体内容和感情的，这种内容和感情概括起来就是尊重和友爱。

据说，早在古希腊时期，双方为了表示友好，不再打仗，都把盔甲、面罩取掉。后来，就采用推开盔甲、面罩的动作以表示友好。这个动作沿用下来，成为今天举手礼，即敬礼。除敬礼外，为了表示友好，不再互相争斗，人们把手伸开，表示手中无武器，于是成了今天的握手礼节。

在生活中，无意间得罪了他人或他人对你不满意的时候，一定要及时、得体地向对方道歉，以免彼此产生不必要的隔阂。下面介绍的经验值得借鉴：

1. 使对方产生情感共鸣

有两位老同志，许多年前因工作产生分歧，相互不理睬。其中一位上门化解多次，但对方态度强硬，拒不接受。这次这位老同志说了这样的话："我今年60岁了，你比我大，该是62岁了吧？咱们都是过了大半辈子的人了，还有多少年好活呢？我真不希望咱们到另一个世界还是对头。你难道就不能原谅我吗？"

这位老同志从人生无多这个易使老年人动情的话题入手，使对方产生情感共鸣，最终消除了隔阂。

2. 先通过第三者转致歉意

当对方正处在气头上，好话歹话都听不进去时，最好先通过第三者转达歉意，待对方火气平息之后，再当面道歉。如双方僵持不下，势必两败俱伤。如一方先主动表示歉意，就有可能打破僵局，化紧张为和谐，乃至化“敌”为友。

沟通箴言

善用“对不起”表示自己的歉意，以期获得他人的谅解，这是勇于承担的表现。当你说“对不起”时，会给人留下有担当、值得信任的印象。请你善用“对不起”解决矛盾，化干戈为玉帛。

保持修养，沟通时别打断别人说话

一个精明而有教养的人与人交谈时，即使对方发表长篇大论，喋喋不休，也绝不会插嘴。因为随便打断他人的言谈，不仅不礼貌，还有可能什么事也谈不成。

经典案例

冯袁在自己所在的镇上盖起了一栋三层的楼房，当房子刚封顶时，他叫几个朋友到他家吃饭。席间，来了一位专门安装铝合金门窗的人，与冯袁一见面就递了张名片。其实这个人的店铺门面也在镇上，冯袁虽然见过他，但是没有业务往来。

这个人与冯袁见面后，便开始推销自己的产品。听完介绍，冯袁说："虽然我们以前不认识，但通过我们刚才的一席话，我感觉你对铝合金门窗安装的经验很丰富，我也相信你能做得很好。不过在你来之前，我们厂里一名下岗钳工已经向我提起过这件事了，说他下岗了，门窗安装之事让他来做……"

冯袁的话还没说完，对方便插话道："你是说那东跑西走的小张吧？他最近是给几家安装了门窗，但他那'小米加步枪'式的做法怎么能与我们比呢？”

这话不说还好，一说便马上让冯袁改变了主意，他接着说：“不错，他是手工作业，没有先进的设备。但他现在已下岗在家，资金又不够丰厚，只能这样慢慢完善。出于同事之间的交情，我也不能不给他做！”

最后，这个人只得怏怏地离开了。之后，冯袁对朋友们说：“这个人没听明白我的意思，把我的话给打断了。我是在暗示他，做铝合金门窗的人有很多，不光他一个上门来找业务。我已打听过了，他做门窗已多年，安装熟练，而且也很美观。但他的报价很高，我只是想杀杀他的价格，可他的一番言语攻击了我的同事，我宁愿找别人，也不要让他来安装。”

在与人沟通、交往的过程中，尊重他人是我们每个人都应掌握的一种能力，只有懂得尊重他人，你才能获得他人的尊重。而不打断他人的谈话，有礼貌地与人交谈是尊重他人的表现，也是有教养的体现。

与人交谈时还要做到以下几点：

1. 及时回应

在别人说话时，我们不能只听到一半或只听一句就装出自己明白的样子。我们在听别人说话时，要及时做出反应，如附和一声“是的”等话语，这样既让说者知道你在听他说，又让他感觉你很尊重他。

但是，万事都有所忌，都要把握分寸。许多人过分相信自己的理解和判断能力，往往不等别人把话说完就中途插嘴，这样不仅容易弄错对方说话的意图，还有失礼貌。

当然，在别人说话时一言不发也不好，对方说到关键的时刻，你若只看着对方，而不说话，对方会感到很尴尬，他会以为没有说清楚而继续说下去。

2. 完整听完

听人说话，务必有始有终。但是能做到这一点的人并不多。有些人往往因为疑惑对方所讲的内容，便脱口而出："这话不太好吧！"或因不满意对方的意见而提出自己的见解，甚至当对方有些停顿时，抢着说："你要说的是不是这样……"这时，由于你的插话，很可能打断了他的思路，使他忘了要讲些什么。

尤其对推销员来说，在与客户交谈时绝不能随意打断客户的话，而应让他心平气和地把话说完，就算他的意见与实际情况不符，也要听下去，除非情况非常特殊。

让顾客充分表达异议，即使你知道他要说什么，也不要试图打断他。对顾客要有礼貌，要认真地倾听，及时做出反应。要知道，没有任何一个客户愿意与那些自作聪明的业务员打交道。如果你不能表现出对客户及其问题的兴趣，你永远都难以赢得客户的信任。

沟通箴言

当别人谈话时，你还应注意一点，不要静悄悄地站在他们身旁，好像在偷听一样。你要尽可能找个适当的机会，礼貌地说："对不起，我可以加入你们吗？"或者大方地、客气地打招呼，叫你的朋友介绍一下，这样就能很自然地打破这个情况。千万不要打断他们的话，以免给人留下你很无礼的印象。

主动告辞，为沟通画上圆满的句号

在商业谈判结束后，什么时候提出告辞才合适呢？这个时间非常不好掌握。也许有人觉得等对方说“那么，我们就……”时起身告辞比较合适，实际上在对方提出谈判结束之前，自己主动站起来表示告辞才是更为恰当的做法。

如果你主动说“非常感谢您今天抽出时间……”这会充分显示出你是一个很果断的人。如果被对方催促的话，对方会觉得你不懂得察言观色、很讨人厌，因而对你产生坏的印象。因此，请你一定要不断提醒自己“要主动说告辞”。

有礼貌地告辞是必不可少的，在告辞时还要注意以下事项：

1. 提及对方的名字

告辞时还应再提一次对方的名字，如说“那么××先生，我就告辞了”，这会向对方十分明确地传达出“我已经记住了你的名字”“今天谈得非常愉快”等信息，会给对方留下良好的印象。因为能准确地记住对方的名字，表示你对对方非常尊敬，这在谈判中是一个很有效的战术。

2. 果断告辞，切忌磨蹭

告辞最重要的是速度和流畅性，切忌磨磨蹭蹭。心理学上有个非常有名的法则，认为人的记忆具有“最初效果”和“亲近效果”两种功能。也就是说，最初见面的第一印象和告别时的印象，都会给人留下深刻的记忆。换言之，哪怕你只是在临别时稍微磨蹭了一点，别人也会马上给你贴上一个糟糕的标签——这个人做事很磨蹭。

因此，告别时千万不要说：“不好意思，我可以用一下洗手间吗？”或者告辞后又忘记了某些物品，返回去拿。根据记忆的法则，不论谈判的过程有多么愉快，一旦你这样做了，你留给对方的印象就会大打折扣。

3. 主动告辞，主导谈话

主动告辞，可以掌握主导权，顺便讲一句：“张总，您看我什么时候再来拜访您？”主动告辞并预约下次拜访的时间，这是一种十分聪明的告辞方式。

如果别人一再看表，而我们仍然没有提出告别，那是非常不明智的。所以，在与对方谈话时，请你不要自说自话，要多观察对方的行为举止，了解对方是否想把这个话题进行下去。如果谈话陷入了僵局、冷场，请你及时止损，主动告辞吧！

沟通箴言

如果谈话已经结束，而你还意犹未尽，也请你主动告辞，不要拖拖拉拉，以免影响自己建立起来的好形象。要知道凡事都过犹不及，及时止住谈话，主动告辞，既会让对方觉得你通情达理、善解人意，又有利于开启下一次的谈话。

第三章

沟通在于交心，与人善言，对方才会心服

无论是在工作中还是在生活中，需要说服别人的情况会经常发生。一些人总会因此而与他人发生争执，甚至引发争吵；而有一些人却表现得非常出色，因而受人欢迎，因为他们能够非常巧妙地说服别人，即使遇到一些棘手的问题，他们也能巧妙化解。

在说服他人时，我们要充分地尊重他人，注意说服的方式和技巧，将心比心，与人进行友善的沟通，才能真正让他人心服口服，从而使说服达到应有的效果。

投其所好，打开对方的心扉

任何人都有自己感兴趣的事情，对于自己感兴趣的事情，人们总是愿意花更多的时间和精力去关注。

兴趣能激发一个人的参与热情，因此，当你谈到对方感兴趣的话题时，他定会兴致勃勃，甚至完全着迷，此时他对你的好感也会油然而生。所以无论是与朋友交谈还是与客户交谈，不妨多谈谈对方感兴趣的事，这样容易赢得对方的认同。如果恰到好处，他肯定会高兴，并对你产生好感。征服了对方的心，你的说服自然就水到渠成了。

经典案例

柯达公司创始人伊斯曼捐赠巨款在罗彻斯特建造了一座音乐堂、一座纪念馆和一座戏院。为承接这批建筑物内的座椅，许多制造商展开了激烈的竞争。但是，找伊斯曼谈生意的商人无不乘兴而来，败兴而归，一无所获。正是在这样的情况下，“优美座位公司”的经理亚当森前来会见伊斯曼，希望能够得到这笔价值9万美元的生意。

伊斯曼的秘书在引见亚当森前，就对亚当森说：“我知道您急于得到这笔订单，但我现在可以告诉您，如果您占用了伊斯曼先生5分钟以上的时间，您就完了。他是一个很严厉的大忙人，所以您进去后要快点儿讲。”亚当森微笑着点头称是。

亚当森被引进伊斯曼的办公室后，看见伊斯曼正埋头于桌上的一堆文件之中，于是静静地站在那里仔细地打量起这间办公室来。过了一会儿，伊斯曼抬起头来，发现了亚当森，便问：“先生有何见教？”

这时，亚当森没有谈生意，而是说：“伊斯曼先生，在我等您的时候，我仔细地观察了您这间办公室。我本人长期从事室内的木工装修，但从来没见过装修得这么精致的办公室。”

伊斯曼回答说：“哎呀！您提醒了我差不多忘记了的事情。这间办公室是我亲自设计的，当初刚建好的时候，我喜欢极了。但是后来一忙，一连几个星期我都没有机会仔细欣赏一下这个房间。”

亚当森走到墙边，用手在木板上一擦，说：“我想这是英国橡木，是不是？意大利的橡木质地不是这样的。”

“是的，”伊斯曼高兴地站起身来回答说，“那是从英国进口的橡木，是我的一位专门研究室内橡木的朋友专程去英国为我订的货。”

伊斯曼心情极好，便带着亚当森仔细地参观起办公室来。他把办公室内所有的装饰一件件向亚当森做介绍，从材质谈到比例，又从比例谈到颜色，从手艺谈到价格，然后又详细介绍了他的设计经过。

此时，亚当森微笑着聆听，饶有兴致。他看到伊斯曼谈兴正浓，便好奇地询问起他的经历。伊斯曼便向他讲述了自己苦难的青少年时代的生活，母子俩如何在贫困中挣扎的情景，自己发明柯达相机的经过，以及自己打算为社会所做的巨额的捐赠……亚当森由衷地赞扬他的功德心。

本来秘书警告过亚当森，谈话不要超过5分钟。结果，亚当森和伊斯曼谈了一个小时又一个小时，一直谈到中午。最后，伊斯曼对亚当森说："上次我在日本买了几把椅子，放在我家的走廊里，由于日晒，都脱了漆。昨天我上街买了油漆，打算把它们重新漆好。您有兴趣看看我的油漆表演吗？到我家里和我一起吃午饭，再看看我的手艺吧。"

午饭后，伊斯曼便动手把椅子一一漆好，并深感自豪。直到亚当森告别的时候，两人都未谈及生意。最后，亚当森不但得到了大笔的订单，而且和伊斯曼结下了终生的友谊。

为什么伊斯曼把这笔大生意给了亚当森，而没给别人？这与亚当森的口才有关。如果他一进办公室就谈生意，十有八九会被赶出来。亚当森成功的诀窍，就在于他了解谈判对象。他从伊斯曼的办公室入手，巧妙地赞扬了伊斯曼的成就，谈得更多的是伊斯曼设计办公室的事情，这样，就使伊斯曼的自尊心得到了极大的满足，把他视为知己。这笔生意当然非亚当森莫属了。

沟通箴言

利用对方感兴趣的事情引起谈话，这场谈话无疑是成功的。当你提及对方感兴趣的内容时，对方会自然地接过话茬，并主导此次的沟通，使双方都感到舒服。这个过程没有明显的说服，却起到了说服的作用。

顾及自尊心，旁敲侧击才能避免冲突

每个人都有自尊心，都希望得到他人的尊重，而且对尊重自己的人会有一种天然的亲和力和认同感，所以在与人沟通中，要充分考虑并尊重对方。不管是处理矛盾还是劝慰他人，我们都要宽以待人，站在对方的角度考虑问题，注意不要伤及他人的自尊。

要想轻松说服别人，就要理解人们的合理需要，顾及他人的自尊心，只有这样，才能把话说到对方的心坎里去。反之，如果不能根据交际对象的心理选择恰当的语言形式，话一出口就挫伤他人的自尊心，这必然会引起对方的不快，甚至还会引发无谓的争吵。

经典案例

一次，司华伯偶然走到他的一家钢铁厂，看到几个工人在吸烟，而在那些工人头顶的墙上，正挂着一个“禁止吸烟”的牌子。司华伯并没有指着那个牌子对那些工人说“你们是不是不识字？”，而且走到那些工人面前，拿出烟盒，给他们每人一支雪茄，并且说道：“嗨，弟兄们，如果你们能到外面吸烟，我就更高兴了。”那些工人已经知道自己犯了错误。可是他们钦佩司华伯，他不但丝毫没有责备他们，而且给他们每人一支雪茄。像这样的人，大家能不喜欢他吗？

我们要劝阻一件事，切记避免正面的冲突。如果有这个必要的话，我们不妨旁敲侧击地去暗示对方。如果你旁敲侧击，对方知道你用心良善，他不仅会接受，还会感激你。

经典案例

在南非的约翰内斯堡一家小工厂，经理伊安·麦克唐吉接到了一笔大订单，但他知道自己没有办法按期交货。尽管工作已在工厂排定好了，可是这笔订单所要求的完成时间实在太短了，使他不太可能去承接这份订单。

他并没有催促工人们加速工作来赶这份订单，而是把大家召集在一起，对他们解释这种情形，并对他们说，假如能按时完成这笔订单，对他们和公司的意义将有多大。

“我们有什么办法来完成这笔订单吗？”“有没有人能想出别的办法来处理它，使我们能接这笔订单？”“有没有别的办法来调整我们的工作时间和工作的分配，来推动整个情况？”

结果，员工们提供了许多意见，并坚持让他接下这笔订单。他们用一种“我们可以办到”的态度，终于获得了这笔订单，并且按期交货。

经理通过和员工商量一些问题，不但使得这家小工厂接下了这笔订单，而且激发了工人们的创造力，促成了良好合作和融洽的氛围。

因此，要想说服别人而不伤感情和引起反感，就请注意你说话的语气，改变你说话的态度，换一种方式来提出你的要求，不要直接对对方下命令，而是通过旁敲侧击的方式让对方主动帮助你。

说服的最终目的是达到自己的目的，但是如果你采取的方式不当，伤害了别人的自尊，让人觉得丢了面子，那还能达到你的目的吗？因此，永远不要在公共场合或当着他人的面指责别人。即使你要批评他人，最好也要先肯定一下别人的优点和长处，这才是让人保住面子的最好方法。

沟通箴言

用旁敲侧击的方式说服他人，既顾全了他人的面子，又容易使其接受。说服不是争论，不是非要争个高低对错。如果有皆大欢喜的双赢方式，为什么非要引起不必要的冲突呢？

善言规劝，说服自会水到渠成

没有人乐意听从别人的指使，更没有人喜欢让别人告诉他应该怎么做，应该怎么想，这是人的天性。过于强势的态度不仅达不到我们预期的目标，还可能偏离得更远。当我们在说服一个人的时候，我们也经常像是在指使别人“你应该这么做……”或者“你这么想才是对的……”。我们经常使用的是命令或者强迫的语气，即使我们有时候并不具有那种权威。你应该让你的语气更加柔和与委婉一些，这样才能更好地达到你想要的日的。

经典案例

一家工程公司的安全检查员利亚德的工作是检查工地上的工人是否戴了安全帽。一开始，当他看到那些没有戴安全帽的工人时，他会立即批评这些工人，并且命令这些工人立刻戴上，但是这种方法收效甚微。工人当着他的面会戴上安全帽，但是当他走了以后，他们便会再把安全帽拿下来。

利亚德觉得自己的做法不合适，于是决定采用其他方式。当他看见没有戴安全帽的工人的时候，他就微笑着询问对方是不是觉得安全帽戴在头上不舒服、帽子的大小是不是不合适。然后，他会对工人讲安全帽的重要性，建议他们为了自己的安全，最好把安全帽戴上。结果，这种做法收到了很好的效果。

前后不同的两种做法导致工人们前后不同的两种反应，这就是人们的心理作用使然——排斥他人指使的态度和命令。

对于大多数人来说，当某人犯了错误的时候，我们也会以一种居高临下的姿态对他进行说教，指使他应该怎么做，而对方也很有可能会为了维护自己的尊严而不惜跟你争论。在这种尖锐对峙的情况下，没有谁能够有办法说服对方。因此，最好的办法是维护对方的尊严，换一种方式指出他的错误，引导他应该怎么做。

经典案例

沃德将军担任过训练新兵的教官。一天，他开着吉普车到新兵营去巡查，碰到一名士兵正带着女朋友在散步。那名士兵似乎没有看到他，而等他的车子经过的时候，那名士兵“碰巧”弯下腰来系鞋带。沃德知道是怎么一回事了，于是把那名不懂军规的士兵叫了过来。

“小伙子，”沃德说道，“难道你真的没有看到我吗？”

“看到了，将军。”那名士兵知道瞒不过去，只得承认。

“那么，你为什么不向我敬礼，而是装作在系鞋带没看到？”沃德问。

士兵十分为难，没有办法回答。他看了看他的女朋友，苦着脸说：“将军，如果您是我，带着您的女朋友在散步，您会怎么做？”

沃德被士兵逗乐了，笑着回答说：“我会跟她说‘我想先给这个老家伙敬个礼，怎么样？’”

那名士兵听了之后，微笑着向沃德将军敬了一个礼。而沃德将军也不再说什么，回敬了一个礼，然后就开着车走了。

可以想象，如果沃德将军满脸怒气地对那位士兵说：“你刚才所做的是错误的，你应该向我敬礼！”那么，士兵虽然会照办，但是从此会怀恨在心，因为沃德将军使他在女朋友面前丢了面子。而沃德将军并没有这么做，他巧妙地指出了士兵的错误，告诉他应该怎么做，而且也顾及了士兵的面子。

经典案例

一个新兵营里最近接收了一批新兵。这些新兵有着坚强的毅力，这同样意味着他们不容易改变自己的一些坏习惯。教官们发现，对这些文化程度较低的新兵并不适合讲大道理，当然，也不适合用强迫或命令使他们改变自己的不良习惯，那样他们会很暴躁地对着干。教官们对此很伤脑筋，所以想了很多办法来改变他们，以使他们成为合格的军人，但是都收效甚微。总之，这些士兵倔强地认为，用不着别人来指使自己怎么做。

最后，教官们告诉士兵们，他们应该给家里寄一些信，以免家人挂念。教官们印发了一些信件，作为他们写信的参考。这些参考信的内容大致是告诉家人他们已经在军队里养成了良好的生活习惯，以前的很多坏习惯都已经改正了，请家人不用担心。当他们把信写好寄出去之后，奇怪的事情发生了：这些很顽固的士兵慢慢地主动改掉了以前的坏习惯，一个个都变得精神焕发、讲卫生、守纪律了，最后都成了合格的军人。

用建议代替指使，可以让人信服；用请求代替指使，可以让人高兴地执行；用商量代替指使，有人会主动请缨；用赞美代替指使，他们会用行动来证明你所说的是对的。世界上有很多种能够替代颐指气使地说服他人的办法，你可以换种方式，让你的说服更成功。

沟通箴言

每个人都讨厌被说教，讨厌被指使。如果你想达到说服对方的目的，就要避免颐指气使的态度，更不要咄咄逼人。对人多一分尊重，你的说服就会多一分成功的希望。

晓之以理，有理有据的沟通易让人信服

世事变幻无常，每个人都可能有失意的时候，而作为对方亲人或朋友的你，就需要说出令人信服的话，把对方从失意落寞的处境中拉出来，让对方重新燃起对生活的希望，重新振奋起来。

晓之以理，用对方信服的话语说服对方，让他接受你的观点，这会使你们的沟通更有成效。

经典案例

小江恋爱2年了，不久前女朋友不知何故跟他分手了。他很伤心，整天精神恍惚。他的导师马老师知道此事后，特地赶来做他的工作。马老师一见面就说："我知道你失恋了，是来向你道贺的！"

小江很生气，转身就要走。

"难道你不问问为什么吗？"

小江停下来，等着听马老师的下文。

马老师说："大学生都希望自己快点成熟起来，失败能使人的心理、思想进一步成熟起来，这不值得道贺吗？大学生的恋爱大多属于非婚姻型，一是大学生在学习期间不大可能结婚，二是很难预料大家将来

能否在同一个地方生活。这种恋爱的时间不会太长，随着知识的积累，人慢慢成熟了，就有可能重新考虑对方，恋爱变局也就悄悄发生了。应该说，这是大学生心理成熟的一种重要标志。你这么放任自己的感情，是心理成熟的表现还是不成熟的表现呢？另外，越到高年级，大学生越倾向于用理智处理爱情。这时，感情是否相投，性格是否和谐，理想和追求是否一致，学习和工作是否互助互补，都会成为择偶的标准，甚至双方家庭有时也会成为重点考虑的条件，这就是择偶标准的多元化。这种标准的多元化是大学生心理逐渐成熟的表现，也符合普遍规律。你女朋友和你分手是不是出于择偶条件的全面考虑？你全面考虑过你的女朋友吗？如何处理目前的感情失落，你该心中有数了吧？”

小江听完马老师的话，点了点头，情绪也平静了下来。

马老师通过合情合理的分析，多次用“大学生失恋不是坏事，而是心理成熟的标志”的观点来加以点拨，使小江认为该用理智来处理感情问题，从而把小江从感情的泥沼中“唤”了出来，使其恢复了心理平衡。

人在遇到各种变故的时候，总会不由自主地心烦意乱，甚至悲观郁闷，有些人更会因此而萌生悲观厌世的想法，做出一些偏激的行为。这时，如果你想给他们带来好心情，就应该晓之以理，这样你的话才会使对方信服，对方才能走出失意的阴影，从而可以积极地面对生活。

沟通箴言

陷入失意的人大多都会坚持自己的想法，如果你想要劝慰他们，就要晓之以理，令对方信服，让他人觉得你说的话是正确的，不然，即使你磨破了嘴皮，也无法说服对方。

动之以情，牵动人心的沟通极具说服力

我们经常在日常生活中劝诫他人，而要想成功地劝慰他人，不仅需要全身心地投入，更需要充满智慧的技巧，让对方接受你的说法。

一般来说，动之以情的劝诫方法会让对方更容易接受，但是应该如何打动对方，让对方接受你的建议，这需要谈话者结合具体的情境、具体的事情来考量。

在劝诫他人时，如果你直接说出自己的看法，向对方说“你那样做不对，应该这样做”，那么毫无疑问，你的话不会被听进去，他对你也会产生一种防范心理。因此，在劝诫他人时，你首先要让对方认同你，相信你，不再把你当作假想敌，从而消除对方的防范心理。在此基础上，采用动之以情的说服方法，对方就很容易被打动，愿意接纳你的建议。

经典案例

尚未成名的时候，卡耐基靠给人授课养活自己。有一段时间，他租用了一家旅馆的大礼堂，用来给学员们上课。

有一天，卡耐基收到了旅馆经理寄来的一封信。信的主要内容，是要上涨租金。这让卡耐基十分吃惊和无奈，因为他早就把课程安排好并

通知了学员们。仔细斟酌之后，卡耐基决定去旅馆与经理当面交涉。

与经理寒暄之后，卡耐基开门见山地说：“经理先生，看完您写的信之后，我是非常惊讶的。当然，我能理解您的要求。您毕竟是经理，有责任为旅馆获得更多的利益。咱俩换个位置，我肯定也要这样做。只不过，我不知道您是否认真考量过，这样做是否真的有助于实现您的目标？”

听了卡耐基的话，经理的脸上露出一丝疑惑。

卡耐基注意到了经理的变化，接着说：“如果您把大礼堂租给别人用来举办舞会、宴会等，那每一场收到的租金确实比我给您的多。可是，您能保证每天都有人租吗？如果举办舞会、宴会的人把设施弄坏了，那您的收入就会大受影响。从我的角度来说，按照您目前想要的租金价格，我肯定是负担不起的，那我只能另找授课的地方。这样的话，我的那些学员光顾这里的次数就会大大减少。您应该知道，我的学员大多是管理人员，他们能带来很多的人在这里消费。这其实就是给您做了免费的广告，您已经省下了一大笔广告费。综合看来，您将礼堂租给我，其实能获得更大的收益。我想跟您说的就是这些，希望您可以再斟酌一下。”

说完之后，卡耐基便向经理告辞。很快，卡耐基就收到了旅馆经理寄来的另一封信，信中说卡耐基可以按照原来的价格交纳租金。

卡耐基并没有强调自己的利益，而是站在旅馆经理的角度上去分析利弊，从而获得经理的认可，使得经理改变了初衷。

亚里士多德说过：“说服是通过演讲使听众动感情而产生效果的，因为我们是在痛苦和欢乐、爱和恨的波动中做出不同的决定的。”心理学研究表明，当一个人处于愧疚、自责、害怕、焦虑等情绪中时，较容易接受别人说出的话。因此，当你想要劝诫一个人的时候，应设法通过具体生动的现身说法、典型事例剖析、利害关系的强烈对比等方法去感染和警示对方，使他悔悟。

要劝诫他人，重要的是对他的事情有所了解，然后针对这件事情动之以情，对症下药，攻破他的内心世界，一旦攻破他内心的城防，那么就会有九成的把握成功地劝诫他。

沟通箴言

以情动人，找准对方的心理需求，找对对方的动情点，并让对方认同你、相信你，这样你的劝诫就会收到良好的效果。所以，当你要劝诫他人时，请不要再直接告诉对方他应该怎样做，而应该动之以情，让对方把你的话真正听到耳里，记在心中。

温言软语，友善的沟通更具说服力

在与他人交往的过程中，如果你对朋友发脾气，说一些不中听的话，你是有了发泄的快感，可是对方呢？他心里怎么想？会痛快吗？

威尔逊总统曾说："要是你握紧一双拳头来见我，我想，我可以保证，我的拳头会握得比你的更紧。但是，假如你对我说'我们坐下，好好商量，看看彼此意见相异的原因是什么'，我们就会发觉，彼此的距离并不那么大，相异的观点并不多，而且看法一致的观点反而居多。你也会发觉，只要我们有彼此沟通的耐心、诚意和愿望，我们就能沟通。"

经典案例

华克公司在费城承包建造一座办公大厦，而且指定在某一天必须竣工。这项工程，每一件事都进行得非常顺利，眼看就要完工了。突然，承包铜装饰的商人说他不能如期交货，这样整个建筑工作都要因此停顿下来。如果不能如期完工，就要交付巨额的罚款。

长途电话、激烈的争辩都没有半点用处，于是梅西作为华克公司的代表被派往纽约，找那个人当面交涉。

梅西走进这位经理的办公室，第一句话就这样说："你该知道，你的姓名在勃洛克林市中，是绝无仅有的。”这位经理听到这话，感到惊讶、意外，他摇摇头说：“不，我不知道。”梅西说：“今天早晨我下了火车，查电话簿找你的地址，发现勃洛克林市里只有你一个人叫这个名字。”

那位经理说：“我从来没有注意过。”于是，他很感兴趣地把电话簿拿来查看，果然一点儿没错，真有这回事。那位经理很自傲地说：“是的，这是个不常见到的姓名，我的祖先原籍是荷兰，搬来纽约已有200年了。”接着就谈论他的祖先和家世的情形。

梅西见他把这件事谈完了，又找了个话题，赞美他拥有这样一家规模庞大的工厂。梅西说：“这是我所见过的铜器工厂中最整洁、完善的一家。”

那位经理说：“是的，我花了一生的精力经营这家工厂，我很引以为荣，你愿意参观我的工厂吗？”参观的时候，梅西连连盛赞这家工厂的组织系统，且具体指出哪一方面要比别家工厂优良，同时也赞许几种特殊的机器。这位经理告诉梅西，那几种机器是他自己发明的。他花了很长的时间说明这类机器的使用方法和它的特殊功能。他还坚持请梅西一起享用午餐！这一点你必须注意，直到现在，梅西对他这次的来意还只字未提。

午餐后，那位经理说：“现在，言归正传。当然，我知道你来这里的目的。可是想不到，我们见面后，会谈得如此愉快！”他脸上带着笑容，接着说：“你可以先回费城，我保证你订的货会准时运送到你们那里，即使牺牲了别家的生意，我也愿意。”

梅西并没有任何的要求，可是他的目的却很顺利地达到了。那些材料全部如期运到，而那座大厦也没有受到任何影响，如期完工。

现在话又说回来，如果梅西当时用激烈争辩的方法，斥责对方不守信用，试图说服对方，结果可想而知。由此可见，要说服对方，既要不使对方难堪、反感，又要友善地与对方进行沟通。

经典案例

波士顿曾是美国历史上的教育和文化中心，有很长一段时间，波士顿的报纸充斥着江湖郎中的广告——堕胎专家和庸医的广告。表面上看是给人治病，本质上却是恐吓的词句。他们的治疗方法使受害者充满恐惧，而事实上却几乎不加以治疗。他们害死了很多人，但很少被定罪。他们只要缴点罚款或利用政治关系，就可以不承担责任。

事态愈演愈烈，波士顿很多善良的民众都深感愤怒。公民团体、商界人士、妇女团体、教会、青年社团等，一致公开指责，大声疾呼，但一切都无济于事。议会掀起争论，要让这种无耻的广告不合法，但在利益集团和政治的影响下，各种努力均告徒然。

华尔医师是波士顿基督联盟民众委员会主席，他的委员会用尽了各种方法，但都失败了。这场抵抗医学界败类的斗争，好像已经没有了成功的希望。

有一天晚上，华尔医师想到一个波士顿人没有试过的办法。他所用的是仁慈、同情和赞美，他希望使报社自动停止那种广告。他给《波士顿先锋报》的发行人写了一封信，表明自己多么仰慕该报：新闻真实，社论特别精彩，是一份完美的家庭报纸，他一直看该报。华尔医师还说，以他个人的看法，它不仅是新英格兰地区最好的报纸，还是全美国最优秀的报纸之一。“然而，”华尔医师开始进入正题，“我的一位朋友有个小女儿。他告诉我，有一天晚上，他的女儿听他高声朗读贵报上有关堕胎专家的广告，并问他那是什么意思。老实说他很尴尬，他不知道该如何回答。贵报遍及波士顿上等人家，既然这种场面发生在我的朋友家里，在别的家庭也免不了会发生。假如你也有女儿，你愿意她看到这种广告吗？要是她看到了，还要你解释，你该怎么说呢？”

“很遗憾，像贵报如此优秀的报纸，其他方面可以说是十全十美，却有这种广告，使得一些父母不敢让家里的女儿阅读。也许其他成千上万的读者都和我有同感吧！”

两天以后，《波士顿先锋报》的发行人给华尔医师写了一封回信，日期是1904年10月13日。华尔医师保留了这封信将近1/3世纪，其内容如下：

亲爱的先生：

11日致本报编辑部来函收纳，甚为感激。贵函的正言促使我实现本人自接掌本职后，一直有心于此但未能痛下决心的一件事。

从下周一开始，本人将促使《波士顿先锋报》摒弃一切可能招致非议的广告。暂时无法完全剔除的广告也将谨慎编撰，不使它们造成任何不快。

贵函惠我良多，再度致谢，并盼继续不吝指正。

看到了吗？这就是友善的力量，它总是能轻易地攻占人心。因此，如果你希望别人同意你的想法，成为你的知心人，请务必记住：用一种友善的方式开始对话。要知道，温言软语往往比咄咄逼人的指责更有说服力。

沟通箴言

与人沟通时怀着一颗友善的心，对方也会打开心房与你交流，从而使得沟通得以顺利进行。如果你一开始就对他人态度严苛，你得到的也只能是他人的冷眼和反击。所以，请你友善待人，为自己与他人的沟通打开一扇门吧！

第四章

说话得体，沟通才能恰到好处

我们都知道“水满则溢”“物极必反”的道理，在与人沟通时，说话也要讲究分寸，不要该说的、不该说的一股脑都说出去，这样很容易说错话，给自己带来麻烦。

说话要拿捏分寸，不仅要留有余地，更要知道在什么场合说什么话，对什么人说什么话。只有把话说得恰到好处，让人听着舒服，才能使沟通更顺畅，使双方的交谈朝着更好的方向发展。

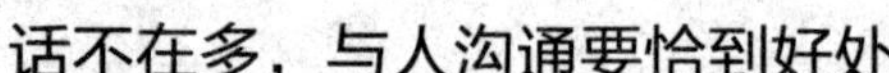

话不在多，与人沟通要恰到好处

刘禹锡在《陋室铭》中写道：“山不在高，有仙则名；水不在深，有龙则灵。”说话也是如此，话不在多，恰到好处才最妙。

说话是人们交流信息、传情达意的一个重要手段。现代社会，人们也越来越重视“说”的作用，竞争职位、应聘面试、推销业务等无一不与说有关。拥有好口才，把话说得恰到好处，往往能使你在社会上更容易获得成功。

说话是一门技巧，通常会说话的人大都见闻广博，喜好阅读杂志和书报，兴趣广泛而又热心活泼。同这些人在一起，不仅能够使人增长见识，更能让人身心愉悦。纵观那些成功者，不难发现，他们在社交场合必定总能透过他们的言谈闪烁着真知灼见，带给人深邃、精辟、睿智、风趣之感。

要把话说得恰到好处，也需要一定的经验，当你面临着各种各样的社交场合，面对着各色各样的人物时，要想做到恰到好处确实不是一件容易的事情。

经典案例

国画名家俞仲林先生擅长画牡丹。一次，某社会名流慕名买了他手绘的牡丹，回去后很高兴地挂在客厅。一位朋友来访看到了大呼不吉利，因为这牡丹没有画完整，缺了一部分。而牡丹代表富贵，缺了一角岂不是“富贵不全”吗？此社会名流一看也大吃一惊，认为牡丹缺了一边总是不好，于是准备拿回去请俞大师重画一幅。大师听了他的理由，灵机一动，告诉他说，牡丹代表富贵，所以缺了一边，不是“富贵无边”吗？此社会名流听了大师的解释，高高兴兴地又把画捧回去了。

说话是表达自身主张的重要方式。人人都有自己的思想和见解，有自己看问题的独特角度，受知识、经历、阅历、年龄等方面的限制，在对同一问题的认识上，也是仁者见仁，智者见智，会得出不同的结论。而会说话的人可以四两拨千斤，利己利人，可谓无往不利。

经典案例

在一次辩论比赛上，主持人问：“三纲五常中的‘三纲’指的是什么？”一名女生抢答道：“臣为君纲，子为父纲，妻为夫纲。”恰好颠倒了三者的关系，引起哄堂大笑。

当这名女生意识到答错后，她将错就错，立刻大声说道：“笑什么，解放这么多年了，封建的旧‘三纲’早已不存在，我说的是新‘三纲’。”

主持人问：“什么叫新‘三纲’？”

她说：“现在我国是人民当家做主，上级要为下级服务，领导者是人民的公仆，岂不是臣为君纲？当前子女是父母的小皇帝，家里大小事都依着他，岂不是子为父纲？在许多家庭中，妻子的权力远超过了丈夫，‘妻管严’现象比比皆是，岂不是妻为夫纲吗？”

她的话音一落，场上掌声四起。大家为她的言论创新叫绝，为她的应变能力叫好。

在现实生活中，有些人拥有一张烫金的文凭和吃苦耐劳、任劳任怨的精神，工作能力也极强，但就是因为不会说话，或者是不会说别人爱听的话，结果总是让自己活在气喘吁吁的感觉之中；相反，一些人没有文凭，工作能力也一般，但就是有一张能说会道的嘴，结果做什么事情都顺顺利利。这种对比，是无数事实证明的金科玉律。

因此，在我们每天的生活中，说什么，怎么说，什么话能说，什么话不能说，什么时候说，说到什么程度，都应讲究。要把话说得恰到好处，除了提高自己的文化素养和思想修养外，还必须注意以下两点：

1. 说话时要认清自己的身份

任何人，在任何场合说话，都有自己的特定身份。这种身份，也就是自己当时的角色地位。比如，在家庭里，对子女来说，你是父亲或母亲，对父母来说，你又成了儿子或女儿。那么用对小孩子说话的语气对老人或长辈说话就不合适了，因为这是不礼貌的，是有失分寸的。

2. 说话要尽量客观

客观即要实事求是，事实是怎么样就怎么样，应该实事求是地反映客观实际。有些人喜欢主观臆测，信口开河，这样往往会把事情办糟。当然，客观地反映实际，也要看场合和对象，注意表达方式。

沟通箴言

说话和办事一样，恰到好处才会取得最好的结果。如果说话太过，不免让人觉得你飞扬跋扈，对你产生反感；如果话说得不足，又无法达到你想要的说服效果。如果可以，就尽量用直击人心的话语与人沟通，从而达到最佳的沟通效果。

说话留余地，沟通才能进退自如

谦虚是一种人生哲学。行不可至极处，至极则无路可续行；言不可称绝对，称绝对则无理可续言。做任何事，进一步，也应让三分。

与人交往时，如果出现意见分歧，一定不要口出狂言，更不要说出“势不两立”之类的话，不管谁对谁错，最好是闭口不言，以便他日需要携手合作时还有面子。尤其应该注意的是，对人不要太早下结论，如“这个人一辈子没出息”之类的话最好不要说。

说话不留余地等于不留退路，“要么成功，要么失败”的简单逻辑已经不适合这个复杂多变的社会。为此付出的代价有时是你无法承受的。与其和自己较劲，不如改变一下说话方式，多用一些不确定的词句，给自己留条退路。

经典案例

有一个人去应聘一家大型企业的城市营销主管，双方谈得很投机，并没有局限在特定的岗位上。由于多种原因，这个人未能获得这个岗位，双方在表示遗憾的时候，也表达了有机会再合作的意愿。一段时间之后，这家企业打电话询问这个人是否愿意出任企业的北方市场主管。

其实，从某种意义上来讲，上例就很好地说明了留有余地的好处。

即使是你跳槽离开一家不怎么样的企业，也不要将关系搞得太僵。你跳槽之后在奋斗，这家企业也在发展，或许双方能在更高的起点上合作，毕竟双方相互都很了解。

留有余地虽然只是一个小细节，但是能决定成败。给自己和别人留有一丝余地，才能让自己在生活中进退自如。

在做事方面，对于别人的请求，你可以接受，但不要保证，应代以“我尽量”或“我试试看”等话语。对于上级交办的事，你当然要接受，但不要说“保证没问题”，应代以“应该没问题”“我全力以赴”之类的字眼。这是为了万一自己做不到所留的后路，而这样说不但不会有损你的诚意，反而更能显出你的谨慎，别人会因此更信赖你，即便事没做好，也不会责怪你。

说话留有余地，不把话说得太满、太绝，是处理人际关系的一种策略。

我们在平时的生活中很难做到不求人，也经常被他人请求，所以无论是求别人办事，或是答应为别人办事，还是拒绝他人，说话都要留有余地。此外，表扬人、批评人、调解事端、解决冲突、应付尴尬局面、调解不满情绪，乃至布置任务、汇报工作等，都应当留有余地。只有留有余地，才能进退自如。

沟通箴言

把话说得太满，并不能与自信画上等号，反而会让别人觉得你自负。谦虚是一种人生哲学。从一个人说话的态度可以看出他的自信。真正有自信的人懂得谦卑，不会把话说得太满。

口下留情，给别人面子也是给自己面子

每个人都爱面子，也会为维护面子做各种努力。要知道，在与人相处中给足他人面子，不仅能够避免某些不必要的难堪，还会为自己赢得面子，赢得他人的尊重。

经典案例

在广州的一家五星级酒店，一位外宾用完最后一道菜点，顺手就将精美的景泰蓝筷子悄悄地插入了自己西装内衣的口袋。

这一幕被服务小姐看在眼里，只见她不动声色地迎上前去，双手捧着一只装有一双景泰蓝筷子的锦盒，对这位外宾说："我发现先生在用餐时，对我国的景泰蓝筷子爱不释手，非常感谢您对这种精细工艺品的赏识。为了表达我们的感激之情，经餐厅主管批准，我代表酒店，将这双图案精美并经过严格消毒的景泰蓝筷子送给您，并按照酒店的优惠价格记在您的账上，您看好吗？"

这位外宾自然听出了服务小姐的言外之意，在表示了一番谢意后，说自己多喝了两杯，头脑有些发晕，误将筷子插入了口袋。随后，外宾聪明地借此下"台阶"，说："既然这种筷子没有消毒就不方便使用，

我就‘以旧换新’吧！”说着，他取出内衣口袋里的筷子，恭恭敬敬地放回餐桌上。

在一时冲动之下，每个人都有做错事、说错话、得罪人的时候。在处理这种情况时，如果不讲究方式，直言相对，很可能会使事态变得更严重。相反，如果给对方留个面子，那对方就会买你这个面子，而且会对你的口下留情而感激不尽。

经典案例

古代有位大侠名叫郭解。有一次，洛阳的某个人因与他人结怨而心烦，多次拜托地方上有名望的人士出来调停，可惜对方一直不给面子。后来，他找到郭解，请他帮忙化解这段恩怨。

郭解接受了对方的请求，亲自登门拜访委托人的对手，做了大量的说服工作，好不容易使当事人同意了和解。按常理来说，郭解已经不负所托，完成这一化解恩怨的任务，可以抬腿走人了。可郭解却棋高一招，有更高妙的处理方法。

讲明一切缘由后，他又对那个人说：“这件事，听说过去有许多本地有名望的人调解过，但因不能得到双方的共同认可而没能达成协议。这次我很幸运，您也很给我面子，终于了结了这件事。我在感谢您的同时，也为自己担心，我毕竟是外乡人，在本地人出面无法解决问题的情况下，由我这个外地人来完成和解，未免使本地那些有名望的人觉得丢面子。”

他继续说：“这件事这么办，请您再帮我一次，从表面上要做到让大家以为我出面也解决不了问题。等我明天离开此地，本地几位绅士、说客还会上门，您将面子给他们，算作他们完成此美举吧，拜托了！”

在帮助当事人的同时，郭解还能顾及其他绅士的面子，这样势必会获得这些人的心，为他在当地更好地立足、拓宽人脉创造了有利条件。由此可见，郭解为人的圆融已达到了一定的境界。

在与人沟通时，我们要尽量给他人留足面子，对方感到颜面有光、心情愉悦了，自然也就愿意跟我们友好相处。当然，我们还要注意留面子的方式与技巧，否则，不仅面子没给成，反倒会得罪人。

沟通箴言

给别人留面子，是一种沟通的智慧。维护他人的面子，是尊重他人的表现。我们在给别人留面子的同时，也为自己赢得了更多的退路。

说笑有分寸，沟通离不开愉悦的氛围

玩笑是我们日常生活中的调味品，适当地开个玩笑，除了能调节气氛、减轻疲劳之外，还有助于缩短与朋友、同事之间的距离。一句得体的玩笑话不仅可以消除积怨，还可以活跃尴尬的气氛，更能够委婉地批评对方的无礼。然而并不是什么事都能拿来开玩笑的，而且开玩笑时一定要注意掌握好尺度和分寸，过头的玩笑不能开，否则会过犹不及。

经典案例

一天，在外地出差的王先生接到好友的电话称："你爱人掉进下水道了，被我送进了医院，医生说要在家里静养，你赶快回来。"王先生接到电话后，急急忙忙往回赶。回到家中，见爱人正在看电视，才知道自己被骗。

"太气人，玩笑开得太过分。"张先生告诉妻子，接到好朋友的电话后，根本没有想到他是在骗人。于是他找到朋友，朋友不但不为自己的行为道歉，反而说："愚人节开玩笑很正常。"他听后十分生气，之后对该朋友的电话再也不认真理会了。

熟悉的朋友之间，大家相互取乐，说话不受约束，是朋友间相处至深的表现，也是人生的一件快事。

如果你的玩笑使对方感觉难堪，那就失去了玩笑的意义。你笑你的同学考试不及格，笑你的亲戚做生意因上了别人的当而亏了本……本来这些都是应该报以同情的，而你却拿来取笑别人，不仅使对方难以下台，还表现出你的冷酷无情。那么，如何掌握好开玩笑的分寸呢？具体要注意以下几点：

1. 内容高雅

开玩笑是运用幽默的语言有技巧地进行思想和感情交流的艺术，这就要求语言必须高雅。内容健康、格调高雅的玩笑，不仅能给对方以启迪和精神的享受，而且是对自己美好形象的有力塑造。

如果开玩笑污言秽语，不仅会使语言环境充满污浊的气味，对听者也是一种侮辱，是一种不尊重。同时也说明自己水平不高，情趣低俗。

2. 态度友善

与人为善，是开玩笑的一个原则。开玩笑的过程，是感情相互交流传递的过程，是善意的表现。如果借着开玩笑对别人冷嘲热讽，发泄内心厌恶、不满的情绪，甚至拿取笑他人寻开心，那么最终你会自食苦果。也许有些人不如你伶牙俐齿，表面上你占了上风，但其他人会认为你不懂得尊重他人，从而不愿与你交往。这样，你将失去众多的朋友。

3. 区别对象

人的身份、性格、心情不同，对玩笑的承受能力也不同。同样一个玩笑，能对甲开，不一定能对乙开。一般来说，后辈不宜同前辈开玩笑，下级不宜同上级开玩笑，女性不宜同男性开玩笑。

在同辈人之间开玩笑，则要掌握对方的性格特征与情绪信息。对方性格外向，能宽容忍耐，玩笑开得稍微大一些也能得到谅解；对方性格内向，喜欢琢磨言外之意，开玩笑时就应慎重。

尽管对方平时生性开朗，但恰好碰上不愉快或伤心的事，就不能随便与之开玩笑。相反，对方性格内向，但正好喜事临门，此时与他开个玩笑，效果会出乎意料的好。

4. 分清场合

在开玩笑时一定要分清场合，看这种场合是否可以开这种玩笑。一般来说，严肃静谧的场合，言谈要庄重，不能开玩笑。而在喜庆的场合则要注意所开的玩笑能否给喜庆的环境增添喜悦的气氛，如果因开玩笑使人扫兴就不好了。

5. 躲开忌讳

通常需要注意的禁忌主要有以下几点：

（1）几辈同堂时开玩笑要高雅、机智、幽默、乐在其中，忌谈男女风流韵事。

（2）当同辈人开男女方面的玩笑时，自己以长辈或晚辈的身份在场时，最好不要掺言，只若无其事地旁听就是。

（3）和非血缘关系的异性单独相处时忌开玩笑。哪怕是正经玩笑，也往往会引起对方的反感，或者会引起旁人的猜测非议。

总而言之，玩笑可以让我们的生活更加多彩，然而开玩笑时一定要掌握“度”，适可而止才能活跃气氛，增进彼此之间的友谊。

沟通箴言

不可拿别人生理上的缺陷来作为你开玩笑的题材，不要故意拿别人的苦恼开玩笑，以免让别人觉得你是一个没有同情心的人。

话随境迁，说话也要看场合

到什么山上唱什么歌，在什么场合说什么话，这是人们在长期的交往实践中总结出来的经验。说话要顾及场合，否则，再好的话题，再优美的话语，也不会产生好的效果，有时甚至会适得其反。试想，如果你在跟朋友谈心时，像做报告那样拿腔拿调，或是在肃穆的葬礼上，像相声演员那样讲出通篇幽默的哀悼词，将会产生怎样的后果呢？所以，话随境迁的艺术，最应重视的就是说话的场合。

当众讲话更要注意言语行为的特定场合。不同的交际场合，有不同的言语表达方式，不可将言语表达的基本原则变成僵死的程式。不看场合，随心所欲，信口开河，想到什么说什么，这是不会说话的人的一种拙劣表现。

我们在不同场合，面对着不同的人、不同的事，从不同的目的出发，就应该说不同的话，用不同的方式说话，这样才能收到理想的讲话效果。例如，在婚宴场合，就不要谈令人丧气的话题；在别人悲痛的时候，切忌谈逗乐的话题；当众做演说、做报告时，应当讲严肃的话题，而且中心思想要明确。如果是聊天，则可以不断转换话题。

经典案例

一对新人在一家大饭店举行婚礼，正赶上大雨下个不停，新人和客人们觉得很懊丧，婚礼气氛有点不愉快。

这时餐厅经理来到新人和诸位宾客面前，微笑着高声说："老天爷作美，赶来凑热闹，这是入春以来的第一场好雨。好雨兆丰年，这象征着这对新人的未来是十分幸福的。雨过天晴是艳阳天，这说明今天在座的所有客人都将迎来更加灿烂的明天。我提议，为了创造和迎接雨过天晴的明天，大家干杯！"话音一落，整个餐厅的气氛发生了180度的大转弯。沉闷的婚礼场面，一下子活跃了起来。

俗话说"一句话把人说笑，一句话把人说跳"，说的就是这个道理。这就要求我们在说话时，要注意场合，增强场合意识，懂得在不同场合对说话内容和方式的特定限制和要求，并时时不忘看场合说话。

经典案例

有一个年轻人长得眉清目秀，可就是不会说话。朋友结婚，他前去祝贺，喜宴上他慷慨陈词："凭咱哥们儿的交情，下次你再结婚我还来喝酒。"满座人面面相觑，朋友哭笑不得，他却浑然不觉。因为他说话不合时宜，所以谁家有个婚丧嫁娶的事情都不欢迎他。有好心人背后提醒他说话要注意场合，多说主人爱听的吉利话，别说人家忌讳的话，他才幡然醒悟。

从话语形式上来说，说话一般要求语句完整，符合语法规范，但在特定场合，却需要用组织结构特殊的话语来传递信息。比如，当前面路口遇到红灯而汽车司机仍未减速时，旁边的人只需提醒“红灯！”，司机便会立即做出减速、刹车的反应。此时若旁边的人说出这样一句结构完整的话：“前面是红灯，这是不准前行的信号，你应当减速停车，遵守交通规则，保障安全。”别人一定会认为这个人头脑有问题。

此外，语音的纯、杂也可依具体场合加以调整。比如，一位学者回到阔别已久的故乡讲学，在适当的时候说出一两句地道的当地方言，也会收到意想不到的效果。

沟通箴言

说话要看场合，不注重场合的说话方式很容易把好话说坏，给人留下不好的印象。这就犹如我们的装束，在不同的场合，我们通常都会穿相应的服装，显得有礼而得体，而语言就是我们无形的装束，只有在合适的场合说合适的话，才不会失礼。

沟通因人而异，不同的人说不同的话

在与人交际时，我们要针对不同的对象和不同的情况，采取不同的对策，因人而异，区别对待。所以，要迎合对方的心理说不同的话，从而博得对方的好感，只有这样，才有可能达到自己的目的。有的人说话不分对象，心里想什么就说什么，可是说者无心，听者有意，你在不知不觉中就会得罪许多人，给自己制造很多不必要的麻烦，甚至还会造成一些无法挽回的损失。

古人说："知己知彼，百战不殆。"说话也是一样，在开口之前，必须先了解对方，然后针对不同的对象，采取不同的会谈技巧，只有这样才能把话说到别人心里去。否则就会惹对方不高兴，甚至可能造成不必要的矛盾。

经典案例

一位衣着时髦的白领小姐为购买一件时装而迟疑不决时，年轻的女营业员忙上前说："这件衣服品位高雅，销路很好，今天早上就卖出好几件。"可那位小姐听后立即走了。

一会儿，一位中年妇女来了，准备买一件新潮的马甲，那位营业员接受了刚才的“教训”，便说：“这件马甲很气派，一般人穿着还压不住它，从进货到现在还没有卖出一件，看来只有您最适合了。”这位中年妇女听了气呼呼地走了。

上面这位女营业员说话不看对象，结果惹得顾客一肚子的不高兴，自然不会买她的衣服。作为白领，追求与众不同的效果，如果自己穿的衣服大街上到处都能看到，那是有失品位的。而对于中年妇女，最怕别人都穿不了的衣服自己却能穿，那说明自己已经老了，赶不上潮流了。可见，说话不看对象，难免事与愿违。

此外，说话还要看对方的心态。不同的人在不同的情况下会有不同的心态，而且有时候未必会从外部表现上明显地表露出来，所以要洞察对方的心理，以便进行有效的交流。

有些人被认为“少根筋”，就是因为她们说话不看对象。比如，她们在寿宴上对着寿星公、寿星婆大谈人寿保险的好处；对着孕妇说这年头养孩子没好处，长大了净给自己气受；对新郎新娘说今天喜宴的菜好吃极了，下回别忘了请他，他一定捧场；对着要出远门的人，大谈今年有多少飞机出事、动车出轨、汽车追尾的事件；甚至在即将离休的领导面前抱怨有些老家伙早该退休了，就是赖着不走，阻碍青年人走上工作岗位……这样的人经常会在不知不觉中伤了人，而自己却谈兴正浓。

生活中，人们的心理特点、脾气秉性、语言习惯各不相同，这就决定了他们对语言信息的要求是不同的。所以，不能用统一的说话方式来交流。

一般说来，办事严谨、诚实、老练的人，最喜欢听流利而稳重的话，你说话时要注意态度，既不能高谈阔论，又不可巧言如簧，而应以忠实见长，朴实无华，直而不曲。话语虽简单，但言必中的，给人以老实敦厚的印象。

若对方性情豪放、粗犷，喜欢听耿直、爽快的话，那么你就应忠诚、坦白，知无不言、言无不尽，对美丑、善恶的爱憎要强烈分明。

若对方是学识渊博的高雅之士，他可能崇尚旁征博引而少芜杂的言辩，你不妨从理论问题谈起，引经据典，纵横交错，使谈话富有哲理色彩，但言辞应表现出含蓄和文雅，显得谦虚而又好学上进。

总之，要想处处受人欢迎，就要学会根据说话对象的不同情况来确定自己的说话方向，并且采用不同的谈话方式，做到见什么人说什么话。

沟通箴言

会说话的人一定会看人说话，在开口之前，会根据各种人的身份地位、性格爱好和心理选择不同的说话方式，并把握好分寸。

第五章

你的幽默值千金，化解尴尬就靠它

幽默是一种高超的说话技巧，在与人沟通、交往的过程中，幽默会帮助我们化解尴尬，摆脱困境。

幽默的话语会吸引人们的注意，让人产生耳目一新的感觉。富有幽默感的人不仅会自我解嘲化解尴尬，还会机智地为他人打圆场，及时暖场，从而缓解紧张的气氛，让场面变得轻松活泼。幽默会让你的沟通锦上添花，让你展现出无穷的个人魅力。

拥有幽默感，彰显你的社交魅力

幽默能显示一个人的风度、素养和魅力，能让人在忍俊不禁、轻松活泼的气氛中工作、生活和学习。幽默是一种高深的说话艺术，不仅能给周围的人带来欢乐和愉快，还可以提高个人的语言魅力，为谈话锦上添花。

幽默的人就像一块磁铁，总能将别人吸引到自己的身边。大家都喜欢跟幽默的人交往，那些具有幽默感的人身上都会有一种不同凡响的魅力。

多数人在公共场合中都不太幽默，不是因为他没有幽默感，也不是因为他缺乏表达幽默的能力，而是因为他有一种思维定式，认为在公共场合要保持认真、严肃的作风。但事实上，你若过于严肃，别人往往不知该如何与你沟通，因此便会刻意与你保持距离，很难进行交流。

如果我们想在人际关系中给别人留下一个好印象，那么幽默是最好的办法。如果你懂得并善用幽默，你将很容易被别人接受。特别是当众人被你逗得开心地欢笑时，你就可以拥有温暖而和谐的友情，甚至你还可以和那些只见过一面的人发展为很要好的朋友。这就是幽默的力量。

用轻松的心情面对生活，用幽默、自嘲的方法去化解问题，才能使许多小小的烦忧消弭于无形之中，避免产生更大的忧虑。你用轻松幽默的方式为他人营造一个温暖的氛围，这就会向他们传达出那些小事完全没有必要放在心上的想法，既会让他人开心，也会给别人留下深刻的印象。

在日常工作与生活中，如果我们总能适时地妙语连珠、谈笑风生，我们就很容易接通感情的热线。在适当的场合，以幽默的谈吐来增强交际的生动性和亲切感，已被看成是一个人的优点。

当然，幽默只是手段，并不是目的。不能为幽默而幽默，一定要根据具体的语境，适当地选用幽默的话语。另外，不会幽默的人，也不必强求。否则，故作幽默，反而会弄巧成拙。

当然，幽默感也是可以培养出来的。你可以用以下几个方法提高你的幽默感：

（1）专门建立一个笑话收集库，把有意思、有内涵的笑话收集起来。

（2）把你喜欢的滑稽电影、滑稽书籍收集在一起，时不时翻阅一下。

（3）把有趣的东西贴在随时看得见的地方，以便你经常看到这些东西。

（4）回忆自己当初做过的事情，把它们写成一些有趣的逸事或可笑的故事，以今天的眼光来看，那些过去让你辗转反侧的事情也是十分可笑的。

当然，凡事都要有分寸，幽默也要合时、适度，不能违背礼仪。在人际交往中，开个得体的玩笑，可以松弛神经，活跃气氛，创造出一个适于交际的轻松愉快的氛围。如果过了度，做出了有失礼仪的事，则其效果肯定将适得其反，破坏彼此之间的感情。

沟通箴言

幽默的谈吐会提升你的气质，让他人对你油然而生一种好感。幽默的话语是人际交往中“最漂亮的外衣”，会彰显你的魅力。

面对不利局面，不妨用幽默来化解

幽默是一种沟通的技巧、语言的艺术，在人际交往中发生不快时，一句幽默的话语往往能缓解紧张的气氛，一句诙谐的话语能使对方转怒为喜。

幽默是人际沟通的润滑剂。智者善用幽默使生活中激化的矛盾变得缓和，使难堪的场面得到化解，使紧张的节奏得到松弛。

经典案例

杰克逊经常迟到，老板忍无可忍地对他说：“杰克逊！如果你再迟到一次，就准备卷铺盖回家吧！”

杰克逊一听，想：没了饭碗还得了？一定不能再迟到了。于是，他连着好几天都起得很早。但杰克逊是个典型的“夜猫子”，这天他又因贪睡而迟到了。杰克逊急匆匆地赶到办公室，里面悄然无声，所有人都在埋头工作，正是一副暴风雨前宁静的场景。

一个同事朝他使了个眼色，暗示他老板非常生气。果然，老板板着脸朝他走了过来。

没等老板开口，杰克逊突然笑容满面地用双手握住老板的手，对他说：“您好！我叫杰克逊，我是来这里应聘工作的。我知道35分钟之前贵公司有一个职位出缺，我想我应该是来得最早的应聘者，希望我能捷足先登！”说完，杰克逊满脸自责又满怀希望地望着老板，就像一个犯了错误在等待大人原谅的孩子。

所有同事都开始哄堂大笑，老板也憋不住了，笑着说：“那就立刻工作吧！”

杰克逊用幽默化解了老板对自己的不满，保住了自己的饭碗。无数事实证明，幽默的人做事总是无往而不利，就算是批评他人，他人也乐于接受。

幽默是最高深的话语技巧，有了它，我们就能更加融洽和谐地与人相处。

即使处在困境中，幽默者也能苦中作乐；即使自己的缺点暴露于别人面前，幽默者也能从容不迫地自我解嘲，而不会感到窘迫或者恼羞成怒；即使别人指着自己的鼻子怒骂，幽默者也依然不紧不慢，一笑而过……试问，谁会对这样的一个人不满呢？又有谁会不喜欢这样的人呢？

在对话沟通中，说话高手总是能不时地幽默一把，在给周围的人带来快乐和欢笑的同时，也能获得更多人的喜爱。

沟通箴言

在自己处于不利局面时，适时地幽默一下，既能使紧张的氛围变得融洽，又能消除双方的芥蒂，改变自己的不利局面，何乐而不为呢？

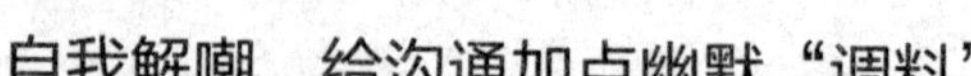

自我解嘲，给沟通加点幽默“调料”

幽默是一种真正的生活智慧，是聪明者展现自身魅力的独特方式，在社交活动中，谈吐幽默的人往往容易取胜，没有幽默感的人往往会失败。幽默的语言极易迅速打开交际局面。

在人际交往中，我们经常会遇到一些意想不到的事情：或是自己失言、失态；或是对方依仗亲密的关系公开揭你的短，有意讲述你过去的傻事，说出你的隐痛；或是周围的环境出现了我们没有考虑到的因素；等等。总之，这些猝不及防的情境往往会令我们狼狈不堪。

遇到这种情况，最好的办法是自我解嘲。这种自我嘲弄、自贬自抑的方法能堵住别人的嘴巴，摆脱窘境，从而争取主动。自嘲能转移注意，增添情趣，对于化解尴尬有奇效。

经典案例

著名女主持人杨澜在担任《正大综艺》节目主持人时，曾被邀请为某市的一次大型文艺晚会担任主持人。出人意料的是，在晚会演出到中途时，杨澜不小心在下台阶时摔了下来。在这种大型场合出现如此情况，确实令人尴尬，但杨澜非常沉着地爬了起来，凭着她主持人特有的口才，对台下的观众说："真是马有失蹄，人有失足呀。我刚才的狮子滚绣球的节目滚得还不熟练吧？看来这次演出的台阶不是那么好下哩！但台上的节目会很精彩的，不信，你们瞧他们。"杨澜这段自我解嘲式的即兴话语非常成功，不但使自己摆脱了难堪，更显示出了她非凡的口才，以至她话音刚落，会场就立刻爆发出热烈的掌声。

自嘲，是幽默的最高层次，适时地自我解嘲，不仅不会被他人看低，还会帮你消除误会，抹去苦恼。

自嘲运用得好，不但可以为自己解围，还可以使交谈平添许多风采。但如果用得不好，就会使对方反感，造成交谈障碍。自嘲要审时度势，不能到处乱用。比如对话答辩、座谈讨论、调查访问等情况，都不宜使用自嘲。此外，自嘲还要避免采取玩世不恭的态度，具有积极意义的自嘲，包含着对自己强烈的自尊、自爱。

沟通箴言

自我解嘲不等同于自我贬损、自我讽刺，而是一种积极的娱乐方式，用一种特殊的方式将尴尬的氛围一扫而空。

借题发挥，用幽默为他人打圆场

在公共场合，人与人之间相处、交往，由于主观的、客观的、人为的、意外的等方面的原因，难免会出现令人尴尬和困窘的局面。当他人陷入尴尬的境地时，我们也可以适时地幽默一下，从而替他人解围，帮助他人走出尴尬。

经典案例

在一次热闹非凡的婚礼上，正当各位来宾高高兴兴地向新郎新娘表示祝贺时，一位客人不小心把一只精致的茶杯碰落在地，摔得粉碎。此时，全场的人立即被这意外的事故打断了话题，音乐戛然而止，喜庆气氛顿变，由轻松突然变为紧张。碰掉杯子的人感到非常窘迫，新郎新娘也很难堪，不知如何是好。这种困境如不及时解除，欢乐的婚礼必定会蒙上一层不快的阴影。

这时，一位思维敏捷的朋友灵机一动，出人意料地又摔了一只茶杯，大家正惊奇之中，这人当众说道："一'碎'加一'碎'，这叫岁岁平安。"引得众人哄堂大笑。这大吉大利的语言顿时解除了困窘局面，婚礼的气氛又重新热烈了起来。

幽默的力量不容小觑，一句幽默的话语往往可以扭转乾坤，使原本紧张的氛围“破冰”。为他人打圆场，既可以显示出你的风趣幽默，又能让你收获一份感激，甚至是友谊。

沟通箴言

懂得幽默，善用幽默，你会发现生活中有更多的美好，很多不必要的麻烦、矛盾都可以在你的幽默中化为乌有。

转移重点，幽默有助于走出困境

请你想象一下以下几个场景：

（1）你正在眉飞色舞地向你的朋友讲述你怎样从池塘里钓上两条大鱼时，你的妻子却在一旁插话说："别听他的！他钓了两天，一条小鱼的影子都没见着！那鱼是他花钱买的！"

（2）你正在和新结识的女友吹嘘："我最近拍了一部戏，这是我头一次独立执导，故事非常精彩，上映后一定会引起轰动。"旁边却走过来一个朋友说："嘿，不怕西北风闪了舌头！姑娘，别听他瞎编，他哪是什么导演，只是个场记而已！"

（3）你正在帮助你的朋友修理电视机："原因可能在天线，也可能是显像管出了毛病……"这时，你的亲戚走过来说："嗨，他只会拆零件。前天我那台彩电，没修之前能看两个频道，让他一修，只能看一个频道了！"

妻子、朋友、亲戚有时会开玩笑似的揭你的短，弄得你有点下不来台。你想默认又觉得窝囊，想还口又觉得理亏。可是对方都是你在乎的人，你又不能说气愤的话予以还击，那么，怎样才能从尴尬的困境中挣脱出来呢？你不妨运用幽默的语言、滑稽的表情和笑料从这尴尬的处境中得以解脱，从而活跃气氛。

面对以上三种情况，你不必与对方争辩，而可以用幽默来反击，化解你的尴尬。

（1）你可以对妻子说："不错，我往池塘里扔了五元钱，那两条鱼就自动跑进我的网兜里了！"

（2）你可以对朋友说："场记怎么啦？导演都得先干场记，不信你去问问黑泽明！"

（3）你可以对亲戚说："每个电视机都有不同的毛病，恰好你那个电视机的病我不会治，但不见得我也治不好它的！"

显然，设法改变处境比保持沉默要好得多。

有时候在特殊场合也会出现这样的情境，他人的问话会让你陷入困境，这就需要运用你的聪明才智、适当的幽默为自己解围，从这种尴尬的境地中挣脱出来。

经典案例

一天，林肯在擦皮靴。

某外交官不无揶揄地问："总统先生，您总是擦自己的靴子吗？"

林肯不动声色地回答说："是啊，那你是经常擦谁的靴子呢？"

林肯的高明在于他巧妙地绕开对方所提出的一个判断性问题，进而找出破绽，给对方回敬了一个特指性的问题。

尴尬局面的出现，往往是刹那间的事情，如果缺乏镇静，大惊失色，或者缺少智慧与口才，那只能是手足无措，乱上添乱。因此，遇到这样的场合，首先要做的就是保持镇静，然后随机应变，自己给自己解围以应对尴尬场面。

沟通箴言

当你不知道该如何回应他人的揭短或提问时，不妨冷静下来，试着转移谈话的重点，故意曲解对方的意图，这不仅是幽默沟通的智慧，更能体现出你的宽容大度。

幽默救场，让冷场不再“冷”

在面对冷场的尴尬时，最需要的就是有人救场。将交际双方的矛盾扼杀在“摇篮”中，促使沟通得以顺利进行。

在沟通活动中，由于双方彼此缺乏了解以及种种突发事件的存在，往往会导致尴尬或僵持场面的出现，这个时候如果没有人站出来暖场，那么就很可能引起一方或双方的不快，干扰事情的正常进行，甚至影响彼此的关系和友情。因此，在交际中把握对方的心理，审时度势，然后凭借恰到好处的幽默来化解尴尬与僵局，确实是一项值得重视的能力。

要想成功地用幽默救场，可以从以下几个方面着手：

1. 营造幽默的气氛

在现实生活中，过于严肃和枯燥的东西往往不易被人接受，所以人们会想方设法把它变得灵活些、有趣些。在交际场合中也是一样，如果某个较为严肃、敏感的问题搞得交际的双方都很尴尬，甚至阻碍了正常交际的顺利进行，我们同样可以通过幽默的解说将其诙谐化，把原来搞僵的场面激活，使交际活动得以顺利推进。

2. 强调事件的合理性

人们之所以在交际活动中陷入窘境，常常是因为在特定的场合做出了不合时宜、不合情理或有辱身份的举动，而旁人又往往不便于直接指出这种举动的不合理性，于是进一步导致了整个局面的尴尬或僵持。在此情形下，最行之有效的救场方法莫过于找一个视角或借口，以合情合理的依据来证明对方的举动在此时是正当的、无可厚非的。这样一来，个人的尴尬解除了，正常的局面也得以继续下去了。

经典案例

有一次，一位著名演员和丈夫举办一次敬老宴会，请文化艺术界许多著名前辈参加。90多岁的老画家由他的看护陪同前来。

老人坐下后，就拉着一个年轻女演员的手目不转睛地看。过了一会儿，老人的看护带着责备的口气对老人说："您总看别人做什么？"

老人不高兴了，说："我这么大年纪了，为什么不能看她？她生得好看。"

老人说完，脸都气红了，弄得大家很尴尬，此时这位演员笑着对老人说："您看吧，我是演员，不怕人看。"

在这个例子里，年轻的女演员恰当地使用了"强调事件的合理性"的救场技巧。在有许多文化界老前辈参加的宴会上，90多岁的老画家拉着女演员的手目不转睛地看，这确实是有悖常理的举动。考虑到老画家的地位和自尊问题，女演员并没有直接表达自己对此事的态度，而是以"自己是演员"为依据，证明老画家看自己是正当而合理的，给老人铺了一个舒服的台阶。老人顺利摆脱了尴尬，宴会就可以正常继续下去了。

3. 根据意义向好处联想

生活中的事物之间看似风马牛不相及，其实如果细心体味、挖掘与联想，总能找到内在的联系。救场者就是根据事物、事件同语言之间的意义上的关系进行巧妙、积极地推衍、联想、生发，从而将两者紧密地联系在一起，做出一种美好、快乐、令人高兴的解释，使对方从烦恼与不快中解脱出来，增进人际关系的和谐。因此可以说，救场者更重要的是要有灵活的思维与智慧的头脑。

4．故意善意地曲解

在交际活动中，交际的双方或局外人由于彼此不甚了解，常常会做出一些让对方迷惑不解的举动，导致尴尬、紧张场面的出现。为了缓解这种局面，我们可以采用故意曲解的策略，假装不明白尴尬举动的真实含义，而给出有利于局势好转的理解，进而一步步将局面朝有利的方向引导。

沟通箴言

幽默具有“四两拨千斤”的力量，在冷场时用幽默的语言救场，既可以消除尴尬，又可以增强他人对你的好感。那么，请你让自己变得幽默一些，让冷场暖一点儿，再暖一点儿！

微微一笑，用幽默反击沟通中的“无礼”

在与人沟通中采取幽默的姿态，不但可以钝化对立感，营造友好和谐的会谈气氛，还能在不经意的话语中暗含玄机，在笑谈中有力维护自己的立场。

沟通的基础是相互尊重，不管双方在个人身份、地位上有多大的差异，在沟通过程中，双方都是平等的。

但是，在沟通的过程中，有的人自恃地位高贵或背后实力强大，会表现得傲慢无礼，对另一方挖苦攻击；也有的人自身涵养不好，一旦沟通没有顺其心意，便会恼羞成怒，对另一方侮辱谩骂。在此情况下，如果要使沟通顺利进行下去，既不致激化矛盾，又不失自己的颜面，使用幽默的语言回敬对方的无礼，显然是不错的选择。

在外交场合，老练而有素养的谈判代表通常会用一些委婉含蓄的辞令来暗示自己的意见。这些暗示语的真正含义往往指向关键性问题，而用这种表面温和的方式表达出来，可以使会谈气氛显得轻松，从而使紧张情势得到缓解。

经典案例

战国时期，齐国大夫晏子出使楚国。楚王想在接见他之前先侮辱他一番，以此来挫一挫齐国的威风。楚王派人把城门紧紧关闭，然后在城门的边上凿了一个仅能容一人通过的小洞，让晏子从这个小洞钻进城内。换了别人，也许会大发脾气或怒而返回，那样就难以完成使命了。

晏子只是轻蔑地一笑，说："只有出使狗国的人才从狗门进去，现在我是出使堂堂的大国楚国，怎能从这样的狗门进去呢？"楚王听说后无言以对，只好命人打开城门，把晏子迎了进去。

楚王接见晏子时，看他身材矮小，就挖苦地说："难道齐国没有人了吗？"

晏子随口应答："齐国临淄大街上的行人太多了，一举袖子就能把太阳遮住，流的汗像下雨一样，人们比肩接踵，怎么会没有人呢？"

"既然有这么多人，怎么会派你这样的矮子为使臣呢？"

"我们齐王派出使者是有标准的，贤明的人，派他到贤明的国君那里去。我是齐国最愚笨的人，因此被派到了楚国。"

晏子面对楚王对自己的人身侮辱，从容反击，他顺着楚王的话贬低自己，抬高自己的国家，同时有力地奚落了楚王，说得楚王张口结舌。

晏子以自己的机智和雄辩，打击了对方的嚣张气焰，维护了自己的尊严，从而为后来的谈判在平等互利的基础上进行铺平了道路。

在生活中，面对对方的无礼行为，我们也可以运用幽默进行反击，让对方自食苦果。

经典案例

两个陌生人在别人的介绍下约会。

小姐问男子："你有奔驰吗？"

男子摇摇头："没有。"

"你有洋房吗？"

"没有。"

小姐讪笑道："那么，看来我们也没有缘分！"

男子无可奈何地起身，自言自语道："难道非要我把宝马换成奔驰，把二百平方米的别墅换成洋房吗？"

面对这位嫌贫爱富的小姐，男子用调侃的语气回敬了她，貌似不经意，实则是对小姐势利的讥讽。听完这位男子的"自言自语"，相信小姐一定会后悔自己有眼无珠，同时也会为自己的无礼行为反思。

沟通箴言

当被他人无礼对待时，如果你据理力争，很可能会继续被他人嘲笑、蔑视，而你微微一笑，说句幽默话，既能显示出你的大度与睿智，又能凸显对方的无礼，高下立见。正所谓："常与同好争高下，不与傻瓜论短长。"

第六章

巧用赞美之词，把话说到对方的心坎里

每个人都希望得到他人的认可，受到他人的夸奖。赞美犹如蜜糖，会使被赞美者甜到心里。

赞美他人是有讲究的，并不是随便说说就可以。不足的赞美无法达到预期的效果，而过度的赞美又会变成令人厌恶的奉承。因此，我们要多观察对方的优点，并对其进行赞美，夸人夸到点子上，从而打动对方的“芳心”，赢得对方的好感。

会戴高帽子，让人心情愉悦

帽子是很重要的一样东西。古时候，为了显示自己的身份和地位，当官的、有钱的常常戴着一顶漂亮的帽子。由此引申出了“高帽子”的概念，就是指人们当面奉承他人。

经典案例

清朝才子袁枚20多岁的时候，被任命去某地当知县，赴任前，袁枚去老师那里告辞。

老师问他：“官不是那么好当的，你年纪轻轻就当上了知县，有什么准备啊？”

袁枚说：“并未做什么特别的准备，只是准备了100顶高帽子，打算见人就送一顶，因为人人都喜欢戴高帽子啊！”

老师一听，不高兴了：“为官要正直，亏你还读了那么多书，怎么也搞这一套呢？”

袁枚马上回答：“老师的话很对，可请老师您想想，当今这个世界上，像老师您这样不喜欢戴高帽子的人，又有几个呢？”

听到袁枚这么说，老师马上就转怒为喜。于是，师生欢欢喜喜地告别了。

袁枚从老师的家里出来后，感慨地说："我准备的100顶高帽子，还没到任，就已经送出去一顶了。"

给人戴高帽子就是恭维他人、赞美他人，人人都需要来自他人的赞美与欣赏，因为这能满足人的自尊心。常言道"礼多人不怪"，一般来说，人们对他人赠送的高帽子总是来者不拒、乐于接受的。

恭维话人人爱听，高帽子人人爱戴，如果给对方送的高帽子恰如其分，那么他一定十分高兴，对你肯定就有印象、有好感。所以，学会给人戴高帽子，是扩大自己人际关系网的一个好办法。

不过高帽子虽好，"尺寸"也得合乎规格才行。如何给他人戴一顶漂亮、合适的高帽子大有讲究。要知道，高帽子送得好，就是"赞美""称颂""欣赏"，送得不好，则就是"阿谀""献媚"。

好的高帽子有以下几个主要标准：

1. 要抓住对方的长处

人是喜欢被夸奖的，即使明知对方讲的是奉承话，心中还是免不了会沾沾自喜。换句话说，一个人受到别人的夸赞，一般不会厌恶，除非对方说得太离谱了。

赞美别人的首要条件，是针对别人的长处，有诚挚的心意及认真的态度。轻率的说话态度很容易被对方识破，使对方产生不快的感觉。

2. 背后称颂更好

这是至高的技巧，在各种恭维的方法中，在背后颂扬人算是最能使人高兴的，也是最有效果的。

如果有人告诉我们××在我们背后说了许多关于我们的好话，我们会不高兴吗？这种赞语，如果当着我们的面说给我们听，或许我们会感到虚假，或者疑心他不是诚心的，但是间接听来的,我们便不会产生这种疑惑，而会真心地认为那是赞语。

3. 高帽子要慎戴

对于不了解的人，最好先不要深谈。要等你找出他喜欢的是哪一种赞扬，才可进一步交谈。最重要的是，不要随便恭维别人，有的人不吃这一套。

给他人戴高帽子，首先要让人相信和接受，不能把傻瓜说成天才，那样会让人明显感到离谱。其次是美丽高雅，不能俗不可耐，否则会让别人倒胃口。最后，不可过白过滥，毫无特点。

沟通箴言

给人戴高帽子会让人心情愉悦，但是要注意不要过度，不要言过其实。要知道“欲戴高帽，必承其重”。如果你的“高帽子”过重，对方无法承受，那么只会适得其反，引起对方对你的反感。

先抑后扬，巧借对比赞美他人

在与人交往的过程中，应该多赞美别人，不能轻易否定对方。然而，有一种形式的否定，对方是能够接受的，那就是先抑后扬式——否定过去，肯定现在。

例如：

“开始我觉得你这人有些清高，时间长了，我发现你其实是挺随和的一个人，我喜欢你这样的人，真实。”

“我记得你以前车技一般，怎么现在车开得这么好？”

“我觉得你早期的作品率直但过于感性，后期的作品真诚而理性，更有思想性。”

“为了肯定今天，适当否定昨天”已成为许多记者常用的招式。

例如：

“某小区去年还是晴天一身土，雨天一身泥，今年绿草茵茵，到处开满了鲜花，小区绿化成绩斐然……”

“某某工厂将废物利用，制成玩具，既净化了环境，又增加了效益。而以前，废物的处理都是直接倒掉，既污染环境，又造成了极大的浪费……让我们采访一下李总，看看他们是如何改进的……”

这样的报道，你是否似曾相识？

在北京电视台的一期电视节目中，两个私交甚好的演员互谈感想，其中一位说：“我们第一次见面是在齐齐哈尔话剧团，我就对他印象不好，我是爱干净的，床总是特别干净，而他属于那种把被子一捋就钻进去睡，把被子一掀就钻出来的那种。后来，我最佩服的就是他了……”

在某些场合，有人或许会让你谈谈对某位朋友的印象。此时，全说好话，有吹捧的嫌疑；多说缺点，又得罪朋友。这种情况下，你不妨运用先抑后扬的方法。从否定到肯定的评价，不仅能增强谈话的吸引力，还显得真实可信。

需要注意的是，前面的否定是为了后面的肯定做铺垫，所以，如果前面抑得过低的话，后面必须扬得意外，才会有好的效果。

沟通箴言

先抑后扬式的赞美，重点在“扬”，旨在赞美对方，要抑少扬多。而且，在“抑”对方时，还要把握好分寸，以免贬损过度，无法自我圆场。

独特的赞美让沟通出其不意地顺利

赞美是欣赏，是感谢，给人的喜悦是无可比拟的。但是你也要清楚"喜新厌旧"是人们普遍具有的心理。一味地说一些陈词滥调的赞美，人们可能就毫无感觉了，只有新颖独特的赞美才能使人回味无穷。

那么，什么样的赞美才是新颖独特的呢？

1．出人意料

赞美是所有声音中最甜蜜的一种，赞美应该给人一种美的感受。新颖的语言是有魅力的，有吸引力的。在夸一个人的时候，一定要讲究技巧，如果能夸得既出人意料又在情理之中，那将是最高超的恭维之词。新颖的赞语，给人清爽、舒心之感，既能显示赞美者的才能，又能使被赞美者更快乐地接受。

如果想让对方觉得你的夸赞有意外的惊喜，那你一定要掌握一些小技巧。最完美的赞美，往往是那些出其不意、意料之外的赞美。出其不意的赞美之词，往往能达到出奇制胜的效果。

经典案例

王女士是某大型企业的法人代表，该企业经营管理得非常优秀，社会效益和经济效益均非常可观，业内人士都称赞她为“铁娘子”。

有一次，一位记者采访王女士时对她说：“董事长，大家都认为你管理精致，我倒是认为你身上更具有传统女性的魅力——善良、细心。”

听了这番话，王女士非常高兴，忙说：“许多人只看到我的表面，并不了解我。”

记者的这番话之所以能博得王女士的好感，是因为她听到的对她管理才能的赞美之词太多了，而这位记者称赞的却是她的女性魅力，让她觉得很新颖。

如果你赞美一个人身上原本就广为人知的大众优点，那对他来说显得无足轻重，因为很多人都那么说过。但是，如果你能发现一个人身上那些鲜为人知的出众之处，那对他来说无异于一份大大的惊喜。

赞美一个人，与其称赞他最大的优点，不如称赞他最不起眼，甚至连他自已都没发现的优点。如果你善于发现美，能从一个人身上找到连他本人也未找到的亮点，那你百分之百会拥有一段愉快的对话，并获得对方的好感。

想让一个人喜欢跟你对话，就要让他时时处在惊喜的包围中，不时将意料之外的赞美送给他，他才会真的对你印象深刻。

2. 角度新颖

常言道：“别人嚼过的肉不香。”一些人在公共场合谈话时，不知怎样赞美别人，只能跟着别人说话，附和别人的赞美，结果很难取得良好的效果。

每个人都有优点。赞扬要有新意，当然要独具慧眼，善于发现一般人很少发现的“闪光点”和“兴趣点”，即使你一时还没有发现更新的东西，也可以在表达的角度上有所变化和创新。

卡耐基在《人性的弱点》中写了一个他经历过的故事。一天，他去邮局寄挂号信，办事员服务质量很差，很不耐烦。当卡耐基把信件递给她称重时，他说："真希望我也有你这样美丽的头发。"闻听此言，办事员惊讶地看看卡耐基，接着脸上露出微笑，服务变得热情多了。

经典案例

某将军在战场上攻无不克、战无不胜，可谓英姿飒爽、出尽风头。当别人频频竖起大拇指称赞他"真是位了不起的军事家"时，他总是无动于衷，因为打胜仗对他来说是最平常不过的事了。而当有人看着他的胡须说"将军，您的胡须可真美，简直能与美髯公相媲美"时，将军却孩子般地笑了。

赞美的角度很重要，新颖的角度将达到事半功倍的效果。

正如每把锁都会有相应的钥匙，每个人都有其独特之处，先要把握好"点"，把握好角度，才能沟通得轻松、顺畅。

3. 表达方式新鲜

赞美他人，在表达方式上是可以推陈出新、另辟蹊径的。

经典案例

富兰克林年轻时，在费城开了一家小小的印刷所。那时，他参加了宾夕法尼亚州议会的选举。在选举前夕，困难出现了。有个新议员发表了一篇很长的反对他的演说，这篇演说把富兰克林贬得一文不值。遇到这么一个出其不意的敌人，是多么令人恼火呀！该怎么办呢？

富兰克林讲述道："对于这位新议员的反对，我当然很不高兴，可是，他是一位有学问又很幸运的绅士。他的声誉和才能在议会里颇有影响。但我绝不会对他表现出一种卑躬屈膝的阿谀奉承，以换取他的同情与好感。我只是在隔数日之后，采用了一个别的适当的方法。

"我听说他的藏书室有几部很名贵、很少见的书，我就写了一封短信给他，说明我想看看这些书，希望他慨然答应借我数天。他立刻就答应了。"

富兰克林用一种不露痕迹的赞美方式，赞美新议员，恰如润物细无声。

表达赞美的方式有很多，要针对不同的人、不同的场合、不同的时间选择最为恰当的方式。选择赞美方式时，既要考虑表达方式的新意，又要考虑对方的感受及最后的效果，综合各方面去思考，将会找到最适宜的表达方式。

沟通箴言

说赞美对方的话固然好，但如果你的赞美之词过于普通，对方很可能因听过多次而毫无感觉。因此，说出人意料的赞美之词，才能达到出其不意的沟通效果。

会贴标签，“牵着对方的鼻子走”

会说话的人，必定是擅长美言的人。想让对方怎么做，就朝那个方向恭维他，这样可以满足他被赞美、被崇拜的愿望。更重要的是，他会不遗余力地努力达到你所恭维的境界。

当一个小孩怕疼，不愿意打针的时候，如果父母哄着他：“你真勇敢！小朋友们都不如你勇敢！”这个小孩就真的会以为自己是最勇敢的人，而不再抗拒打针。你承认了他的勇敢，他就会勇敢给你看。

好听的话，小孩爱听，大人也爱听。你想让对方怎么做，就把对方标榜成一个什么样的人，给对方贴上一个标签。这样，对方也会尽力成为你所期望的那个人。

经典案例

王妮找了一个保姆，便打电话给那个保姆的前任雇主，询问了一些情况，得到的评语却是贬多于褒。

保姆来的这天，王妮对她说：“我打电话请教了你的前任雇主，她说你为人老实可靠，而且煮得一手好菜，唯一的缺点就是理家比较外行，老是把屋子弄得脏兮兮的，我想她的话并非完全可信。你穿得很整洁，人人可以看得出。我相信你一定会把家里照顾得井井有条，和你人一样整洁干净。你也一定会和我相处得很好。”

保姆听到王妮这样说，下定决心一定要好好表现，结果，她们果然相处得很愉快，保姆真的把家里打扫得干干净净，而且工作非常勤劳。

在保姆正式开始工作之前，王妮就给她贴上了很多正面标签，如“煮得一手好菜”“相信你一定会把家收拾得井井有条”“你一定会和我相处得很好”。这些话是对保姆的赞赏和肯定，保姆当然爱听，对于王妮来说，她的目的不是赞赏保姆，而是对保姆提出自己的期望和要求。当保姆知道自己在王妮心中是这样的好印象之后，她会尽力做到最好，使这种好的形象一直维持下去。

老子说：“美言可以市。”意思是说如果一个人善于驾驭语言，便可以用来交换自己所需要的东西。这句话的意义就体现在了上述生动的故事中。

或许你会说，给人贴标签就是拍人马屁，其实并非如此，这两者有显著的区别。拍马屁是指过分夸大别人的优点或将别人的缺点、错误说成是正确的。给人贴标签虽是夸奖别人，但是不夸大，符合实际，只是在夸奖别人时，突出了对方的优点，而将缺点用另一种方式提出来，从而使说者达到自己的目的，听者也很受用。

每个人都有自己的优点，善于发现别人的优点，并适时地说出来，对方自然会很高兴。因为谁都希望自己在别人的眼里有价值，谁都喜欢听别人称赞自己。如果是你，你会喜欢别人贬低你，让你难堪吗？你不也喜欢听别人夸奖你，对你说好听的话吗？

如：

“没有什么你办不成的事！”

“这件事只有你才能完成！”

“我知道你是个责任心很强的人，所以完全相信你！”

“你是我最好的朋友，你绝对不会让我失望，对吧！”

这些话听起来是在恭维对方，实际上是在给对方提要求。其实，这一点，你明白，对方也明白，只不过对方甘愿在你的赞美声中装糊涂。

然而，在恭维他人的时候，很多人常常言过其实，让人感觉受到愚弄，这样就适得其反了。比如，对一个相貌平平的女孩，为了跟她套近乎，你说她美若天仙；对一个不懂专业的人，为了让他多做事情，你说他是个天才，对方显然不会高兴。这样，只能表明你是一个口是心非、虚伪的人。

沟通箴言

给对方贴标签时也要符合实际，不能言过其实，以免给人留下油嘴滑舌、不可信任的印象。

背后赞美更能直达他人的心窝

人往往喜欢听好听的话，即使明知对方讲的是奉承话，心里还是免不了沾沾自喜，这是大多数人的共性。一个人听到别人说自己的好话时，绝不会感到厌恶，除非对方说得太离谱了。

说好话的奥妙和魅力无穷，然而，最有效的好话还是在第三者面前说。设想一下，若有人告诉你，某某在背后说了许多关于你的好话，你能不高兴吗？这种好话，如果直接说给你听，或许会适得其反，让你觉得很虚假，或者疑心对方是否出于真心。而间接听来的赞美会让你觉得特别悦耳动听，而且，你会坚信对方是真心地赞美你，而不是出于其他的目的。

经典案例

德国历史上的“铁血宰相”俾斯麦为了拉拢一位敌视他的议员，便有计划地在别人面前说那位议员的好话。俾斯麦知道，那些人听了自己对那位议员说的好话后，一定会把他的话传给那位议员。后来，两个人成了无话不说的朋友。

当你直接赞美对方时，对方很可能认为那是应酬话、恭维话，目的在于安慰自己。但是如果通过第三者来传达，效果便会截然不同。此时，当事者必定会认为那是认真的赞美，没有半点虚假，从而真诚接受，还会对你产生好感。

在生活中，我们常常会看到这样的现象：父母希望孩子用功读书，于是整天当面教育孩子，苦口婆心地教导，希望孩子用功努力读书，可是依然毫无成效。其实，父母可以借助他人的口，将自己对孩子的期望和关心传达给孩子，多多赞美孩子，从而让孩子产生学习的动力，不再抵触父母。

经典案例

卡尔上初中后，由于受他父亲去世的影响，学习成绩逐渐下降。他的妈妈苏珊想方设法帮助他，但是她越是想帮儿子，儿子离她越远，越不愿和她沟通。卡尔初一学期结束时，成绩单上显示他已经缺课95次，还有6次考试不及格。这样的成绩预示着他极有可能连初中都毕不了业。苏珊想了很多办法，比如带他到学校的心理老师那里去咨询、软硬兼施、威胁、苦口婆心地劝他甚至乞求他，但是，这一切都无济于事。卡尔依然我行我素。

一天，正在上班的苏珊接到一个自称是卡尔学校的心理辅导老师的电话。老师说："我想和你谈谈卡尔缺课的情况。"老师刚说了这一句，不知为什么，苏珊突然有一种想倾诉的冲动。于是，她坦率地把自己对卡尔的爱，对他在学校里的表现所产生的无奈，她自己的苦恼和悲哀，毫无保留地统统向这个从未谋面的陌生人一吐为快。苏珊最后说："我爱儿子，我不知道该怎么办。看他那个样子，我知道他还没有长大，他是一个好孩子，只要他努力，他会学出好成绩，我相信他，我的儿子是最棒的。”

苏珊说完以后，电话那头一阵沉默。然后，那位心理辅导老师严肃地说：“谢谢你抽时间和我通话。”说完便把电话挂了。

卡尔的下一次成绩单出来了，苏珊高兴地看到他学习有了明显的进步。后来卡尔一跃成为班上的前几名。

后来，卡尔升上了高中，在一次家长会上，老师介绍了他从差生向优生的转变过程，还夸奖苏珊教子有方。回家的路上，卡尔问苏珊：“妈妈，还记得一年半前那位心理辅导老师给您打的电话吗？”苏珊点了点头。

“那是我。”卡尔承认说，“我本来是想和您开个玩笑的。但是我听见了您的倾诉，心里很难过。我就想，是我伤了您的心。这使我很震惊。那时候我才意识到，爸爸去世了，您多不容易啊！我必须努力，再也不能让您为我操心了，我下定决心，一定要让您为有我这个儿子而骄傲。”卡尔的一席话，使苏珊的心里顿时充满了温暖。

再如，平时上司在下属面前说了很多勉励的话，但还是没有多大感触，当有一天从第三者的口中听到了上司对自己的赞赏后，会深受感动，从此更加努力工作，以报答上司对自己的知遇之恩。

多在第三者面前去说一个人的好话，是使你与那个人关系融洽的最有效的方法。假如有一位陌生人对你说：“某某朋友经常对我说，你是个很了不起的人！”相信你感动的心情便会油然而生。那么，我们要想让对方感到愉悦，就更应该采取这种在背后说人好话的策略。因为这种赞美更容易让人相信，也更能使对方愉悦。

沟通箴言

在对方面前，我们说话时会有忌讳，但是在背后，我们可能会无所顾忌。正是因为存在这种现象，所以大多数人都愿意相信背后的话。因此，如果你想获得某人的好感，就多多在背后赞美他吧！让别人做你的传话筒，为你的沟通打开一扇门。

借用他人的话赞美，沟通更显真实

一般来说，女性不管多美，总对自己的外貌和身材有一些自卑感，甚至在人们看来根本微不足道的问题，她也会耿耿于怀，心烦不已。所以，你若以抽象的言语赞美对方，反而会让对方误以为你是在讥讽她。为了使女人易于接受你对她的赞美，不妨以具体的言语赞美对方，譬如“你乌黑的头发很有光泽”“你的眼睛真是迷人”等。

其实，这种赞美的方法适用于所有人，我们在与别人沟通的时候，为了达到自己的既定目的，经常会说一些好听的话。可是，很多人把握不好赞美的尺度，结果把话说错了，搞得双方都不愉快。赞美他人就这么难吗？

其实，抬高别人也有一个小窍门，那就是借别人的话来赞美他。这样一来，对方的高帽子就会戴得很舒服，你也能轻易实现你的对话目的。

经典案例

钱云娟正打算要说服他的上司。可是，那是一位非常顽固的女上司，尽管她已经说尽好话，但一直未果。后来，她准备听从前辈的建议，借别人或名人的话来捧上司，让她先放下防卫心。

又到了午休的时候，钱云娟正和同事们在办公室里聊天，这时上司刚巧经过。真是一个非常好的机会啊！钱云娟抓住了这个机会，她对经理说："经理，前些日子我们代理商的经理称赞您呢，说贵公司的王经理眼光真不错，似乎相当信赖您。"

经理露出了微笑，态度也明显软化了一些，愉快地跟大家闲聊了几句。眼见时机到了，钱云娟赶紧切入正题："其实，关于机场投标这个案子，我们大家都觉得应该要做下去，您应该也会赞成吧？"

这时，同事们的眼光全部集中在经理身上，营造出一种"我们跟她有着同样的想法"的气氛。在大家的感召下，心情不错的经理不假思索地答应了这项提议。

人们对背后的言语是敏感的，背后的话对我们的影响力更大。人们之所以如此，大概是想知道自己并不知道的真实一面吧！

如果你去对一位刚刚认识的人大说恭维的话，相信他不会认为自己真的那么好，这个时候你千万别太主观地对他说："你长得真帅！"而应该说："听朋友说过你高高帅帅的，今日一见果真名不虚传。"或者："早就听人说你们单位今年招了一位非常帅气的男孩，原来就是你啊！比想象中帅气多了。"

像这样客观一点地对他说，他反而更容易接受。而且，他会因此对你的印象特别深刻。如果你仅仅是强调个人的看法，他是不会相信的。要使对方认为你说的是真实的，那必须在客观中包含着主观，如此，对方才不会怀疑你是在假恭维。

对大多数人来说，与其把你对他的赞美之词说上一百次，还不如加上一句"大家都这么认为"更有用，因为人们天生就有让别人认同自己的愿望。

沟通箴言

你毫不忌讳的赞美可能会引起对方的反感，但是使别人的赞美之词从你的嘴里说出来，就会让人觉得舒服，听着可信。所以，如果你担心自己把握不好赞美的尺度，那么不妨多“借用”别人的话吧！

赞美不是奉承，沟通应充满真诚

赞美是一种说话的艺术，正确运用这种艺术，会使被赞美者心情愉快，而赞美者自己也会从中感到快乐、幸福。但是，在这里我们有必要弄清楚这样一个问题：真诚的赞美和奉承究竟有什么不同？弄清楚这个问题，是使那些不愿赞美他人者“赞口常开”的关键。

赞美与奉承有本质的区别，主要区别有以下两点：

1. 是否发自内心

真诚的赞美起源于内心深处的一种“美感”、一种冲动。它反映了一个人对另一个人的认可：外表漂亮，言谈合自己的口味，行动敏捷，品格高尚……即在两个人之中，其中一个人在另一个人身上发现了符合自己理想和价值标准的可贵之处。

奉承却不同，它不是发自内心地对另一个人的认可和钦佩，而是基于早已存在的一种目的，一种对眼前或日后能够收到回报的投资。奉承者在“赞美”他人的时候，心里想着的只是如何顺利办完与自己利益有关的事。

2. 是否实事求是

真诚的赞美是实事求是、有理有据的赞，而奉承则是凭空捏造、无理无据的捧。一个真诚的人，在赞美别人的时候，非常有针对性和分寸。他们知道哪些应该讴歌，哪些应该提醒注意，哪些应该反对。他们评价一个人时，根本不会用“最”这个字眼，也不会用“他没有缺点”这些措辞。

奉承者无事生非。他们把只能用一般词语赞美的东西任意夸大。无事要夸、小事大夸、大事特夸是这些人的特点。其中有些“佼佼者”，甚至能把一个人的优点变成缺点，把一个人的缺点变成优点，因而他们在领导、上级面前，时常“义正色严”地诋毁别人，以博取欢心，而心里却打着自己的主意。他们在“赞美”一个人的时候，心里会想：这个人喜欢被人拍，我就多拍一拍他吧；他喜欢坐轿，我就抬一抬吧，总有一日要把他摔下来。

总之，赞美是真诚、热忱的，是出于真实的感觉，不掺杂不良的用心；同时，赞美是对别人的优点和长处的充分肯定，是为满足别人对于尊重和友爱的需要，给别人以精神上的激励和鼓舞。而奉承他人则是宁肯牺牲自己的尊严去恭维人，是出于某种不可告人的企图，明显是趋炎附势，巴结讨好权威。正如卡耐基所说：“奉承是从牙缝中挤出来的，而赞美是发自心灵的。”

赞美是一种有特色的说话艺术，能恰如其分地赞美别人，既可以增添我们的自信心，又可以提高我们说话的胆量。

沟通箴言

使别人快乐和讨对方喜欢是两件不同的事。使别人快乐考虑的是别人，而不是自己，讨对方喜欢则刚好相反，他处处计较个人的得失。愿你把握分寸，真心地赞美你周围值得赞美的人。

第七章

忠言也可顺耳，绕个弯批评，沟通会更顺畅

“金无足赤，人无完人。”每个人都会犯错误，当看到他人出错时，我们难免会批评几句，或是提出自己的建议。但是如果批评的方式不当，就会很容易引起他人的反感，影响双方的感情。因此，我们要学会批评，让批评不再伤人。

批评的目的是让对方变得更好，而不是与其争辩，请你不要因为批评的方式不当而让自己的好心被他人误解，从而引起不必要的麻烦。

欲贬先扬，批评前让对方尝点“甜头”

欲贬先扬，即在批评之前先找出对方的优点表扬一番，以表扬来营造批评的氛围，让对方在愉悦的赞扬中接受批评。因为人在听到别人对自己的某些长处的表扬之后，再听到批评，心里往往会更易接受。这样做会使人认为你的批评是公正客观的，使其觉得自己既有过失，又有成绩，从而减少因批评所带来的抵触情绪，并能收到良好的批评效果。

要让对方明白你的意图，按照你的想法改正自己的不足，你可以参考以下两种欲贬先扬的批评策略：

1．提出期望

对对方提出期望，让对方觉得自己在你心中是很有价值的，对方自然会乐意为你效劳，乐意接受你的建议。

经典案例

某领导发现秘书写的总结有不妥之处。他是这样批评秘书的：“小张，这份总结总的来说写得不错，思路清楚，重点突出，有几处写得很有见地，看来你下了功夫。只是有几个地方提法不妥，有些言过其实，有的地方尚缺定量分析，麻烦你再修改一下。你的文笔不错，过去几次写总结也是越修改越好，相信你这次也一定能改出一个好总结来。”

这样说，秘书会感到领导对自己很公正、很器重，充满期望和信任，因而就会很卖力地把总结改好。

2. 不说“但是”

有许多人在真诚的赞美之后，喜欢拐弯抹角地加上“但是”两个字，然后开始一连串的批评。

举例来说，有人想改变孩子漫不经心的学习态度，很可能会这样说：“小林，你这次成绩进步了，我们很高兴。但是，如果你能多加强一下代数，那就更好了。”

在这个例子里，原本受到鼓舞的小林，在听到“但是”两个字后，很可能会怀疑原来的赞美之词。对他来说，赞美通常是引向批评的前奏。如此一来，不但赞美的真实性大打折扣，对小林的学习态度也不会有什么帮助。

如果我们改变一两个字，情况就会大为改观。我们可以这么说：“小林，你这次的成绩进步了，我们很高兴。而且，我们相信，如果你在数学方面继续努力下去的话，下次一定会跟其他科目一样好。”

这样，小林一定会欣然接受。由于我们也间接提醒了应该改进的注意事项，他便懂得该如何改进以达到我们的期望。

我们都知道，赞美既能让人谦虚，又能建立友善的气氛。在批评别人前，应先提及别人的优点，对他赞美一番。每个人都需要真诚的赞美，也需要善意的批评。赞美是鼓励，批评是督促；赞美如阳光，批评如雨露。二者缺一不可。所以，要想让对方接受你的批评，改正错误，就必须在批评前先给对方点“甜头”，然后再给他批评的“苦头”，这样才会让你的批评更有效。

沟通箴言

每个人都喜欢听好话，将你的批评之语隐藏在赞美的话语之中，会减少对对方的伤害。所以，当你想要批评他人时，不妨先赞美他人一番吧！

批评的话委婉说，沟通自然不伤人

直接指出对方的错误，批评对方，会让对方觉得丢了自尊，没了面子，从而会使其对你产生反感，结果很可能是两败俱伤，互不理解。你觉得自己没错，认为对方是“狗咬吕洞宾，不识好人心”，但是对方会觉得你过于自大，一点儿都不考虑他人的感受。在这种心理隔阂的影响下，沟通自然会充满坎坷，无法顺利进行。

因此，当你想要批评对方，让对方明白自己的错误时，千万不要直接指出对方的错误，而应该用间接委婉的方式提出你的期许，给批评裹上一层“糖衣”，让对方乐于接受你的批评，并心甘情愿地改正自己的错误。

经典案例

马吉·嘉可布太太请了几位技术非常好的工人加盖房子。头几天，他们总是把院子弄得乱七八糟的，到处都是木屑。

一次，等他们结束了一天的工作后，聪明的嘉可布太太不露声色地叫来她的孩子们，和他们一起把木屑处理干净，堆到院子的角落里。

第二天，工人们来的时候，她非常高兴地对工人们说：“你们昨天把院子打扫得很干净，我非常高兴。老实说，这简直比我们以前的院子还要干净。”听到这些话后，那些工人十分高兴，之后每次工作结束后，他们都会把木屑堆到院子的角落里。

试想一下，如果嘉可布太太摆出一副雇主的姿态，那些工人会怎么样呢？他们可能会偶尔打扫一下，但施工质量就难以保证了。

从这个例子我们可以看出，采用温和的语气，间接地指出别人的错误，这样就不会引起对方的反感。

经典案例

美国陆军第542分校的士官长哈雷·凯塞在带预备役军官时，他面临着一个军队中普遍存在的问题。什么问题呢？在预备役军人和正规军训练人员之间，最大的差异就是理发。因为预备役军人认为自己只是老百姓，因此他们非常不愿意把头发剪短。如何解决这个问题呢？像以前正规军的士官长一样，他可以向他的部队怒吼几声，或威胁他们。但他不愿这样做。

他这样说道：“各位先生们，你们都是领导。当你们以身教导时，那是最有效不过的办法了。你们必须为你们所领导的人做个榜样。你们应该了解军队对理发的规定。今天我也要去理发，而我的头发却比某些人的头发要短得多了。你们不妨对着镜子看看，如果你们要做个榜样的话，是不是该理发了？我会帮你们安排时间去营区理发部理发。”

结果是可以预料的。有几个人主动去镜子前看了看，然后下午去理发部按规定理了发。次日早晨，凯塞士官长讲评时说，他看到在队伍中有些人已经具备了领导者的气质。

确实，我们在指出对方错误的时候注意维护对方的自尊，就容易收到很好的效果。那些聪明的人总是会想方设法这样去做，因为他们知道这样做的效果比直接指出对方的错误要好得多。

任何人都不喜欢被他人批评，即使他明白自己确实做错了。但是人们习惯了做这样的蠢事。在我们身边经常会遇到一些比较烦心的事情困扰着我们，但是很多时候只要我们换种表达方式，也许就能轻易地达到我们的目的。

经典案例

1887年3月8日，美国最富口才的牧师、演说家亨利·华德·毕切尔去世了。在下一个星期日，莱曼·阿伯特应邀对那些因毕切尔去世而伤心不已的牧师演讲。他急于取得成功，把演讲词改了又改，并像福楼拜一样小心地进行润饰。

然后，他将演讲词读给他的妻子听，但是演讲词写得并不是很好，真的很糟糕。如果他的妻子缺乏见识，她可能会这样说："莱曼，糟极了，绝对不能用。你会让那些听众都睡着的，那听起来像一本百科全书。你传道这么多年，应该能写得更好。天啊！你为什么不像一个普通人那样去讲呢？你为什么不自然点儿？你如果念那篇东西，一定会砸自己的台。"

如果她是这样说的，结果可想而知。所以，她换了一种方式来说："亲爱的，如果这篇演讲词寄给《北美评论》，一定是一篇极好的文章。"

莱曼·阿伯特当然满心欢喜地接受了妻子的意见，你认为他真的会把自己的演讲稿寄给《北美评论》吗？不，阿伯特将他精心准备的底稿撕碎，后来连大纲都不用就进行了精彩的演讲。

阿伯特的妻子称赞了他的演讲词，同时又很巧妙地暗示丈夫不能用这篇演讲词去演讲，阿伯特当然知道这点，所以他照妻子的意思做了。

从这些例子中我们可以看出，在批评别人时要想做到不伤害别人，你需要把批评的话换种方式说，让他人能听到心里去。

沟通箴言

直接的批评会伤人，而将批评的话语委婉地说出来，掩盖话语中的“锋芒”，则会更容易让人接受。

采用建议式批评法，沟通更有效

建议别人，而不是强硬地命令对方，不仅能维持一个人的自尊，给他一种自重感，还能使他更乐于合作，而不是对立。用这种方法，能使人更容易改正自己的错误。因此，采用提建议的方式对他人的错误进行批评，是一个不错的方法。在采用建议式批评时可以参考以下方式：

1. 多说"建议"，而不是"命令"

双方有了不同的看法，最好以商量的口气提出自己的建议，语言得体是十分重要的。

经典案例

美国最著名的传记作家伊达·泰波尔小姐在写扬·欧文的传记时，访问了曾与扬先生在同一房间办公3年的一位先生。

这位先生说，在那么长的时间内，他从未听到扬·欧文给任何人下达过直接的命令。他总是"建议"，而不是"命令"。

例如，扬·欧文从未说过"做这个/做那个"或"别做这个/别做那个"，他总是说"你可以考虑这个"或"你以为那样合适吗"。

当他口述一封信后，他常这样说："你认为如何？"在看完他的助手写的信以后，他常这样说："也许这样措辞会更好些。"

他总给别人亲自动手做事的机会，而从不告诉他的助手该如何去做事；他让他们自己去做，使他们从自己的错误中学习。

在遇到问题时，给人一份尊重，委婉指出，这才是处理问题的最佳方式。一般来说，当我们自己有了错误时，如果别人以温和的方法来处理，采取适当的方式向我们指出，我们就会向他们认错，甚至觉得爽直坦白是光荣的；但别人若不加修饰地直白地说出来，虽然当时解决了问题，但是后续麻烦也会随之而来。

2. 表达善意，而不是指责

在生活和工作中，我们与他人有时难免会发生争执，有时会搞得不欢而散，甚至使双方结下芥蒂。最好的办法还是尽量避免它。我们可以委婉地表达对对方的意见，让对方感受到我们的善意，而不是指责，从而避免与对方"交火"。

经典案例

一个女员工每个星期一上班都迟到。

领导问她："小姐，星期天晚上有空吗？"

"当然有，先生！"姑娘乐了。

"那就请您早点休息，省得您每个星期一早上上班都迟到！"

领导对女员工的提醒是善意的，又以委婉的方式表达了出来，使女员工更容易接受。

3. 尊重对方，忌颐指气使

即使身为长者或上司，也不能用粗暴的态度对晚辈或下属说话，否则你所得到的不是合作，而是激烈的对抗。同样，采用建议的方式可以让对方更好地接受和采纳你的意见，按照你的要求来做，满足你的需求。

经典案例

唐·斯坦瑞利是宾夕法尼亚州威明市一所职业学校的老师。有一次，他的一个学生因为违章停车而堵住了学校的大门口。这个老师冲进教室，以非常凶悍的口吻问：“是谁的车堵住了大门？”

当那个学生起来回答时，那个老师怒吼道：“你马上给我把车开走，否则我就用铁链把它绑上拖走。”

那个学生确实是错了，汽车不应该停在那儿。可是从那天以后，不只是那个学生对这个老师的举止感到愤怒，全班的学生也总是做一些事情给这个老师造成不便，使得他的工作更加不顺。

本来这位老师可以用完全不同的方式来处理这件事的。假如他友善一点地问：“门口的车是谁的？”并建议说：“如果你能把它开走，那别人的车就可以进出了。”我想这个学生一定会很乐意地把车开走，他和他的同学也就不会那么生气了。事情的结果很可能截然相反。

沟通箴言

以提建议的方式委婉地表达你的想法，让对方觉得自己被尊重，你的建议才会得到对方的重视。批评也是一门艺术，会批评的人会赢得更多的尊重与掌声。

幽默式批评，给沟通来点儿趣味

幽默式批评就是在批评的过程中，使用含有哲理的故事、双关语、形象的比喻等，缓解受批评者的紧张情绪，启发受批评者积极思考，增进相互之间的感情交流，使批评能有一个轻松愉快的气氛。

幽默式批评在于启发、调动被批评对象积极思考。它以幽默的方式点到批评对象的要害之处，含而不露，令人回味无穷。但是，使用幽默式批评不能牵强附会，生拉硬扯，否则将适得其反，给人一种画蛇添足之感。

经典案例

课堂上很乱，有的学生在说笑，有的在睡觉，有的眼观窗外。正在上课的老师突然停止讲课，语重心长地对大家说："如果坐在中间谈笑的那几名同学能像观看窗外景色的那名同学那样安静的话，也就会让前面睡觉的那两名同学睡得更香甜了。"此言一出引起哄堂大笑，那几名被点到的同学的笑容里则带有羞愧之色。

适时地开下玩笑能使人感到亲切，使气氛变得轻松，即便是批评，也没有那么让人难以接受。幽默不是天生的，是可以培养的。再呆板的人，只要努力都可以逐渐变得幽默起来。但是要注意，隐藏在玩笑背后的批评不是讽刺，讽刺别人会使人厌恶，甚至使人产生对抗心理。

有这么一位老师，他的幽默式批评简直就是一种艺术。

经典案例

在一次数学考试之后，这位老师发现班上的女生普遍考得比男生好，就在班会上给大家讲了下面这个故事。

“昨天我做了个梦，梦见我的老师在课堂上问我，来生当男生还是女生。我就回了一句‘当女生’。我的老师就问：‘为什么？’我说：‘男生与女生下棋时，要是女生赢了，她就会立刻被大伙称为女才子；要是输了人们也不会责怪她。可男生就惨了，要是他赢了，肯定没人说他是男才子；可要是输了，人们又立刻说他是个大草包。亏不亏呀！’”听了这个奇怪的梦，大家全都笑出了声。

接着，老师又从容地说：“不过今天我不说梦，而是要表扬咱们班的女生。为什么？因为她们考得好，超过了男生！不仅下棋，考试也一样，女才子特别多！因此我既为我们班女生们的胜利而骄傲，又为我们班男生们的谦虚而骄傲！”

话音刚落，大家又一次快乐地笑了！女生们笑，是因为老师在夸她们；男生们笑，则是因为老师的妙言是对他们的一个极巧妙的批评。

用幽默的方式机智灵活而又巧妙地揭露出男生考试的失误，善意地进行批评，既让人印象深刻，又让人深思，学生在笑声中接受教育，更会懂得发奋上进。

将你的批评隐藏在玩笑背后，用玩笑的方式来委婉地批评他人，只要你运用得恰当，就会获得意想不到的效果。

沟通箴言

使用幽默式批评，会让你轻松地达到自己的沟通目的。要知道，批评他人不是目的，让他人乐于接受并改正自己的错误才是批评的要义。既然如此，为什么不选择一个双方都能接受的批评方式呢？

小事化了，给他人留面子

当你发现对方犯了一个很明显的错误时，为了使对方能够尽快地改正，于是你好心地对他说：“看，你刚才说的有这样一个错误……”你本以为他会感激你，但是结果让你很意外，甚至让你感到不可理喻——他坚决不承认自己犯了错误，更别说感激你了。

你没有必要因此责备对方，这种事情太常见了，几乎每个人都有这样的毛病。当别人指出自己的错误，尤其是直截了当地指出的时候，一般人似乎都接受不了，即使他明知道你是对的，他也会下意识地反驳你。

经典案例

有一个公司老总要宴请一个重要客户，让新来的部门主管作陪。饭局定在高档的酒店里，与宴者都是些重要客户，宾主之间把酒言欢，其乐融融。

酒至半酣，一个客户将手搭在老总的肩上，略带醉意地说：“五花马，千金裘，呼儿将出换美酒！酒真是个好东西，也难怪诗仙杜甫连好马也不要了。”听了客户的话，有的说客户说得有道理，也有的说客户真是高雅之人……突然，新来的业务主管大声说：“老兄，不对吧，什么时候诗仙变杜甫了？”

众人停顿了一秒，客户的脸变成了绛紫色。老总见势头不对，赶紧将酒杯端起来说：“管他什么诗仙不诗仙的，我们干了这杯，大家都是酒仙。”

于是大家都频频举杯，将事情一带而过，新来的部门主管还在那里跟身边的人说谁是诗仙，谁是诗圣，老总的脸色越来越难看。

饭局刚散，老总就对新来的部门主管说：“不是所有的事情都是商务谈判，日常小事又不是什么原则性问题，出点错误大家一笑带过就好，何必咄咄逼人呢？为什么我们一定要找出一个证据，去指责别人的错误呢？你这样做会让别人对你产生好感吗？你为什么不能给他留一点儿面子呢？他并不想征求你的意见，也不想知道你有什么看法，你又何必去跟他争辩呢？你应该给别人留一点儿面子！”

生活不是学术交流会，没有必要那么严谨，为什么要那么较真呢？这个新来的主管咄咄逼人的性格是没有人喜欢的，有的时候，我们需要一点儿雅量，给别人留一点儿面子。

心理学研究表明，任何人都不愿意把自己的错处或隐私暴露在光天化日之下，自己的隐私一旦在公众面前曝光，就会感到无比难堪或异常恼怒。因此，在人多的场合，如果没有特殊原因，应小心避免让对方当众出丑。你可以向对方暗示，给其造成一定的心理压力。但切记不可过分，点到为止即可。

其实，在社交中谁都可能不小心弄出点小失误，比如念了错别字，讲了外行话，记错了对方的姓名、职务，礼节有失妥当，等等。当我们发现对方出现这类情况时，只要无关大局，就不必对此大加张扬，故意搞得人尽皆知，使本来已被忽视了的小过失，一下变得显眼起来。更不应抱着讥讽的态度，以为“这回可抓住笑柄啦”，来个小题大做，拿对方的失误在众人面前取乐。这样做不仅会使对方难堪，伤害他的自尊心，使他对你产生反感或报复心理，还不利于你自己的社交形象，容易使别人觉得你为人刻薄，在今后的交往中对你敬而远之，产生戒心。

沟通箴言

当你得知他人犯了错误后，应该主动帮助他人大事化小，小事化了，而不是批评对方说错了、做错了。要知道，及时处理问题远比事后的批评与指责更有意义。

沟通别拆台，点到即止对双方都好

优秀的上司也难免会有工作失误的时候，当下属遇到这种情况时，有的会选择视而不见，有的则会向上司直接指出其失误之处。不管选择哪种方式，能够让上司心悦诚服地认识到其失误，又不会觉得丢面子，是非常重要的。所以，巧妙地向上司指出错误是下属们需要好好学习的一门功课。

经典案例

汉武帝以前一直相信自己能够长生不老。一天，他对大臣们说："朕最近刚看了一本相书，上面提到，如果一个人鼻子下面的'人中'越长，就证明他的寿命越长,假如'人中'有一寸长，这个人就可以活到一百岁。这种说法不知是真是假？"

东方朔当时在场，心想皇帝肯定又在做长生不老之梦了，情不自禁地笑了起来。

汉武帝面露愠色，喝道："你怎么笑话我？"

东方朔忙恭恭敬敬地答道："微臣不敢，臣是在笑彭祖的脸太难看了。"

听了这话，汉武帝不禁大笑起来。

彭祖是传说中的养生家。据古代典籍记载，他是颛顼的玄孙，相传他历经唐虞、夏、商等代，活了八百多岁。东方朔只是简单地向汉武帝提及彭祖，就很风趣诙谐地让汉武帝在一笑中认识到了自己的一些荒谬想法。

多数上司都是聪明人，下属在指出其错误之时，多用一些含蓄的幽默就可以很有效地达到自己的目的。这种寓言于笑的说辞，既可以让上司听起来顺耳，很容易接受，又可以让上司对自己的失误有比较深刻的印象，从而能够产生更为深刻的反思。

经典案例

有一家公司在六月份的销售额很差。在月底会议上，公司主管大发脾气，对销售员大加指责："就你们这种工作水平，怎么在市场上混？如果你们无法胜任这项工作，会有人替代你们的！"

说完，他又指着一名刚进入公司的退役足球队员，问道："假如一支足球队无法获胜，队员们都得被撤换掉。是不是？"

一阵沉默过后，这位退役足球队员回答道："主管，一般情况下，如果整支球队都有麻烦的话，我们通常要换个新教练。"

对于销售额极低的事实，这位主管不但不主动从自身找原因，还大声呵斥下属，这对下属们来说是很不公平的，因此，当主管把他故意责难下属们的问题抛给这位刚进入公司的员工的时候，这位员工顺势间接地用自己以前的经历来做比喻，巧妙地指出了主管的不足，从而让其对自己的行为有所反思。如果他选择直接反驳主管的话，不但起不到任何作用，反而有可能让下属和上司之间的关系更加僵硬。

沟通箴言

当你要指出上司的错误时，以委婉的方式暗示对方，点到即止，既能给上司留面子，又能显示出自己的高修养与高情商，甚至会让自己的职场之路更加通畅，何乐而不为呢？

第八章

高情商拒绝术，说“不”并不难

在日常的沟通交流中，拒绝是一项必要的对话内容。因为一个不懂得拒绝的人，会一直处于被动的地位。可是只要一说起“拒绝”这两个字，许多人都会发出这样的感叹：“拒绝别人很困难！”

喜剧大师卓别林说过：“学会说‘不’吧，那样你的生活将会好得多。”学会说“不”，才能赢得真正的交流和理解，帮你维系良好的人际关系。所以，该拒绝别人的时候，请你勇敢地说“不”。

拒绝的话也能说得更悦耳

拒绝他人是一种应变的艺术。有一些人因为难以拒绝别人的要求，于是连那些自己干不来的事情也答应下来，结果使对方的期待落空，反而破坏了彼此之间的友谊。但是，如果不懂得拒绝的技巧，过于直白地拒绝对方，也会影响双方的关系，甚至被人误会并结下仇怨，使自己陷入十分不利的境地。所以，我们要学会运用智慧，巧妙地使用拒绝的话语，以摆脱不利的局面，同时也能维持双方的关系。

有位教授有过这样的感叹："央求人固然是一件难事，而当别人央求你，你又不得不拒绝的时候，亦是叫人头痛万分的。因为每一个人都有自尊心，希望得到别人的重视，同时我们也不希望别人不愉快，因而也就难以说出拒绝的话了。"但是，如果你仔细斟酌、权衡一下，觉得答应对方的要求将给自己或他人带来伤害，那么，你就应该当机立断予以拒绝，绝不要为了面子上过得去或不让别人扫兴而做违心的事。

当然，学会合理拒绝别人无疑是非常明智的，但也不要过于生硬，一定要采取妥善的做法。

1. 要表明态度

有的人对于要拒绝或接受，在态度上常表现得不明确，而给对方一种期待，让对方觉得这件事“有门儿”。一旦你没有达成目的，对方就会对你失望。因此，当你想要拒绝时，一定要表明态度。

2. 缓和对方对“不”的抗拒感

虽然说“不”或“行”要明白表示，但这并不代表你要毫不客气地对对方说“要”或“不要”。语气强硬地说“不行”“没办法”，会伤害对方的自尊心，甚至会遭到对方怨恨。

对别人的要求要洗耳恭听，对自己不能答应的事要表示抱歉。尽量体谅对方，这些都是在你回答“不”之前应该思考的。尤其当对方是上级时，说话更要留余地。

3. 顾及对方的自尊，给对方留台阶

人都是有自尊心的，一个人有求于别人时，往往都带着惴惴不安的心理，如果你一开始就说“不行”，势必会伤害对方的自尊心，使对方的心理不安，失去平衡，引起强烈的反感，从而产生不良后果。因此，不宜一开口就说“不行”，应该尊重对方的愿望，先说关心、同情的话，然后再讲清实际情况，说明无法接受要求的理由。由于先说了那些让人听了产生共鸣的话，对方也会相信你所陈述的情况是真实的，相信你的拒绝是出于无奈，因而是可以理解的。

拒绝别人时，不但要考虑到对方可能产生的反应，还要注意准确恰当的措辞。比如你拒聘某人时，如果悉数罗列他的缺点，就会伤害他的自尊心。倒不如先称赞他的优点，然后再指出他的缺点，说明不得不这样处置的理由，对方也能更容易接受，甚至感激你。

4. 降低对方对你的期望

但凡来求你办事的人，都相信你能解决这个问题，并抱有很高的期望值。一般来说，对你抱的期望越高，越难以拒绝。在拒绝他人时，倘若你多讲自己的长处或过分夸耀自己，就会在无意中提高对方的期望，增大拒绝的难度。

如果适当地讲一讲自己的短处，就降低了对方的期望，在此基础上，抓住适当的机会多讲别人的长处，就能把对方的求助目标自然地转移过去。这样不仅可以达到拒绝的目的，还可以因此使被拒绝者得到一个更好的解决方式，这样，这种意外的成功所产生的愉快和欣慰的心情就取代了原有的失望与烦恼。

5. 尽量使你的话温柔缓和

当你想拒绝对方时，可以使用敬语，使对方产生“可能被拒绝”的预感，并做好被拒绝的心理准备。

拒绝对方时，要让对方明白，你的拒绝是出于迫不得已，并且感到很抱歉、很遗憾。尽量使你的拒绝温柔而缓和。

6. 态度一定要真诚

拒绝总是令人不快的。“委婉”无非是为了减轻双方，特别是对方的心理负担，并非玩弄“技巧”来捉弄对方。特别是上级、师长拒绝下级、晚辈的要求时，不能盛气凌人，要以同情的态度、关切的口吻讲述理由，使之心服口服。在结束交谈时，要热情相送，表示歉意。一次成功的拒绝，也可能为将来的重新握手、更深层次的交流播下希望的种子。

沟通箴言

你有权利说“不”，你不必因为拒绝了他人而感到不好意思。但是委婉地拒绝他人，顾及他人的尊严，这是有修养的体现。将你说的“不”变成“是”一样悦耳，你的沟通之术就提高了一个层次。

话里有话，巧“弹”弦外之音

拒绝是一门很深的学问，也是一门语言的艺术。在拒绝别人提出的不合理要求时一定要注意方法，有些情况你可以不必直说，相信只要稍加提示，对方自然就会明白。你如果直来直去地拒绝对方，就会让对方觉得你没有顾及他的面子，进而认为你不尊重他，对你产生不满情绪。

那么，如何才能使你的拒绝被人接受，又不会因此而伤了对方的自尊心呢？

1. 巧用暗示

有些求人的人，由于种种原因，不好意思直接开口，喜欢用暗示来投石问路。这时你最好也用暗示来拒绝。

经典案例

两个打工的老乡，找到在城里工作的李某，诉说打工之艰难，一再说住店住不起，租房又没有合适的。其实，言外之意是要借宿。

李某听后马上暗示说：“是啊，城里不比咱们乡下，住房可紧了。就拿我来说吧，这么两间耳朵眼大的房子，住着三代人。我那上高中的儿子，没办法晚上只得睡沙发。你们大老远来看我，不该留你们在我家好好地住上几天吗？可是做不到啊！”

两位老乡听后，就非常知趣地离开了。

2. 释义解难

对于不便于直接回答的问题，你可以借助一些俗语来做出一定的解释，为自己解难，同时也可以借此表达自己的不满。

经典案例

有一位姓周的女士因公出差，在火车上与一位看起来挺有涵养的男士坐在一起。这位男士主动和她搭讪，周女士觉得一个人干坐着也挺乏味的，于是就和他攀谈起来。

开始时这位男士还算规矩，和周女士只是谈谈乘车难的感受以及交流对当今社会上一些不合理现象的看法。可不知怎的，谈着谈着，这位男士竟然话题一转，问了周女士一句：“你结婚了吗？”

周女士一听顿生厌恶，于是她态度平和地对那位男士说：“先生，我听人说过这样一句话。前半句是‘对男人不能问收入’，所以我才没有问你的收入；后半句是‘对女人不能问婚否’，所以你这个问题我是不能回答了！请原谅。”

那位男士听周女士这么一说，也觉得有点唐突，尴尬地笑了笑，不再说话了。

我们不得不佩服周女士的应变口才。寥寥数语，既表达了对对方失礼的不满，又没有令对方下不来台，可谓一举两得。

3. 假装糊涂

即听话人听出了说话人话中有话，却装作没有听出，使对方无计可施。

经典案例

小明对爸爸说：“爸爸，今天小伟的爸爸带小伟出去玩了。”

小明的爸爸回答说：“是呀，我知道了。”

这里，小明的言外之意是想叫爸爸也带他出去玩，小明的爸爸也听出了儿子的用意，但他故意装糊涂。

现实中，很多事情直来直去反而不容易达成目的，那么就要学会拐弯。直线就像一把利剑，虽然锋利但难免会伤人；曲线就像一个圆，虽然线长但往往能如人所愿。

但是也要注意，任何语言的表现技巧都是建立在让人听懂的基础上的，同时必须把握好使用范围。如果你的弦外之音对方听不懂，那就无法达到最佳效果。

沟通箴言

拒绝他人的话对大多数人来说都是难以说出口的。利用说话的艺术将拒绝的语言进行包装，让他人知难而退，既能保全对方的面子，又能解决你的难处。

转换话题，一种非常有效的拒绝方法

那些处世圆融的人在必须传达给他人一个坏消息或拒绝他人的希望时，总会想方设法不让他人有耻辱的感觉，将坏消息所带给人的消极影响降到最低。

在生活中，许多人把面子看得比什么都重要，所以在与人沟通的时候，尤其是在传达对对方不利的消息时更要懂得给他人留面子。

转换话题，就是一种非常有效的拒绝方法，它能够转移别人的注意力，避免引起正面冲突，很好地维护双方的面子。

经典案例

日本有个叫井上的青年，有一天去拜访本田宗一郎，想把一块地卖给他。

本田宗一郎很认真地听着井上的讲话，一直没有说话。听完井上的陈述后，本田宗一郎并没有做出“买”或者“不买”的直接回答，而是从桌子上拿出一些类似纤维的东西给井上看，并对他说：“你知道这是什么吗？”

“不知道。”井上老实回答。

“这是一种新发明的材料，我想用它做我们汽车的外壳。”本田宗一郎详细地给井上讲述了一遍。

本田宗一郎这一讲就是半小时，谈论了这种新型汽车制造材料的来历和好处，又讲了他明年拟采取何种新的汽车销售计划。这些内容使得井上摸不着头脑，但感到很愉快。在本田宗一郎送井上走时，才顺便说了一句不想买他的那块地。

本田宗一郎如果刚开始就告诉井上自己不想买那块地，那么势必要引起一场说服与反说服的争论，而本田宗一郎并不想进行这样的一次论辩，于是巧妙地转移了话题，从而成功地拒绝了对方的销售要求。

当你不愿意答应别人向你所求的事情时，可用巧妙转移话题的方法，让对方处于被动的地位，从而改变对方的意图，达到拒绝的目的。

很多时候，使用转移话题的方法需要把话题转移到对方身上，有时需要把话题引到不着边际的地方，关键是看你所应对的事情和人物，以及你所要达到的目的。如果你想让对方知难而退，那就需要将话题巧妙地转移给对方；如果你想拖延时间，迂回地拒绝，当然最好是把话题引到毫不相干的地方。

沟通箴言

如果不便于正面回绝对方，那你可以考虑迂回作战，将对方的注意力转移到其他的事情上。即使对方一开始并没有领会你的意图，但是经过两次或三次，对方也就心领神会，不会再自讨没趣了。

先发制人，堵住对方的口

生活中的你，是不是也有过这样的经历：明明想对别人说“不”，却硬生生地把这个“不”字吞到肚子里去了，而违心地从嘴里蹦出来个“是”字？可是后来越想越不对劲，就悔不当初地怪自己“我其实当时应该拒绝他的”“我怎么这么没用，不敢说出真心话”，你自责不已，最后陷入一种不安与沮丧的情绪之中，久久无法释怀。

如果你实在不懂得怎样拒绝别人，那么在知道了别人将要说一些对你不利的话或让你办一些你不想办的事情时，你不妨抢先开口，先发制人，这样就能牢牢地掌握住交际的主动权，把对方的要求堵在嘴里，达到拒绝对方的目的。

经典案例

曹操一直都在准备攻打吴国。吴国主将周瑜足智多谋、精通兵法，是曹操灭吴的一大障碍。曹操就派蒋干去东吴说降周瑜。蒋干风尘仆仆地到了江东。周瑜听说蒋干来了，就知道他来干什么。于是决定来个先发制人，挫败蒋干的企图。

俩人一见面，周瑜就开门见山地说：“子翼不辞辛苦远道而来，是为曹操做说客的吧？”蒋干没想到周瑜竟有这一手，犹豫了好久，方说道：“老朋友相逢，你怎能说这话呢？”席间，周瑜又对众将说：“这是我的同窗好友，虽然从江北来，却不是曹操的说客，你们不要怀疑。”并解下佩剑交给太史慈说：“你佩上我的剑做监酒，今天宴饮，只叙朋友交情，如有谁提起曹操和东吴军旅之事，就斩下他的首级。”蒋干大吃一惊，于是再不敢开口提劝降之事。

宴后，周瑜拉着蒋干的手说：“大丈夫生在世上，遇到知己之主，外托君臣之义，内结骨肉之恩，言必听，计必从，祸福与共，即使是苏秦、张仪、陆贾、郦生那样的人再生，口若悬河，舌如利剑，又怎么能说动我的心呢？”就这样，周瑜采用先发制人的策略，让蒋干始终不敢提起半句劝降的话。

从上面的故事中我们可以看出周瑜先发制人的策略有这样几个特点：

1. 先封

他抢先一步，单刀直入，直接点破蒋干来吴的企图，先封死蒋干的口，让其不便开口。

2. 再压

在酒席上，他派太史慈做监酒官，并且明定“只叙朋友交情，如有谁提起曹操和东吴军旅之事，就斩了谁的首级”，让蒋干慑于军令而不敢开口。

3. 又堵

用“大丈夫生在世上……”等话来堵蒋干的口。这番话慷慨激昂，等于告诉蒋干，是大丈夫就应该这样，只有小人才会反其道而行之。如果蒋干不识时务，硬要说出劝降的话来，岂不是把周瑜和他自己都当成小人了吗？这就让蒋干更加难以启齿了。

4．后围

紧接着又顺势说出了“即使是苏秦、张仪……又怎能说动我的心呢？”暗示蒋干，不必枉费心机白费口舌了。这样一环扣一环，自始至终压住蒋干，使他欲说不能，欲说无词，计划全盘落空。

在与人沟通的过程中，如果你已经嗅到了对方的意图，而你又无法满足对方的要求，只能拒绝时，那么你不妨学一学周瑜，堵住对方的口，掌握沟通的主导权，将不必要的麻烦挡在门外。

沟通箴言

拒绝他人不易，如果你不想面对拒绝他人时的尴尬，那就要试着将对方的请求“扼杀”在摇篮之中，预判出对方的谈话意图，从而先发制人，堵住对方的口。

找个“挡箭牌”，让别人替你说“不”

很多人在想要拒绝别人的时候，会产生一种“不好意思”的心理。这种心理阻碍了人们把拒绝的话说出口。由于这种矛盾的心情，态度上就不那么明朗，说话吞吞吐吐，欲言又止、欲藏又露。在这种心理的制约下，最终往往是依照对方的意图行事。即使拒绝了对方，态度也容易使对方产生误解，认为你成心拿架子，不够朋友。

我们处在一个大的社会背景中，互相制约的因素有很多，为什么不找一个“挡箭牌”来挡一挡呢？比如，有人求你办事，假如你是领导成员之一，你可以说：“我们单位是集体决定这些事情的，像刚才的事，需要大家讨论才能决定。不过，这件事恐怕很难通过，最好还是别抱什么希望。如果你实在要坚持的话，待大家讨论后再说，我个人说了不算数。”这就是典型的推托之词，把矛盾引向了另外的地方，意思是我不是不给你办，而是我决定不了。请托者听到这样的话，一般都会打退堂鼓。

以别人的身份表示拒绝，让别人替自己说“不”，这种方法看似是在推卸责任，却很容易被人理解，既然爱莫能助，也就不便勉强。

经典案例

某造纸厂的销售人员去一所大学销售纸张，销售人员找到他熟悉的这所大学的总务处长，恳求他订货。总务处长彬彬有礼地说："实在对不起，我们学校已同一家国有造纸厂签订了长期购买合同，学校规定不再向其他任何单位购买纸张了，我也只能按照规定办事。"

拒绝不是总务处长的意思，责任已经全部推到"学校"那里，学校的规定，谁也无法违反，事情就这么简单。

一般来说，一个人有事求别人帮忙时，总是希望别人能满足自己的要求，却往往不会考虑给他人带来的麻烦和风险。借用别人的意思把拒绝的话说出来，让对方设身处地去判断，并体谅自己的难处，这样会使提出要求的人望而却步，放弃自己的要求。

不知生活中有多少人因为不好意思说出那个"不"字，而买了不称心的衣服，答应了自己办不到的事情，耽误了自己本不应该耽误的前程。所以如果遇到这种情况，你可以变换一种方式，借用他人的意思巧妙地说出"不"字。

大致来说，借用别人的意思表示拒绝的好处有以下几点：

（1）容易被人理解和接受。

（2）让对方觉得你诚恳可爱，自然不会再刁难你。

（3）表现出一种对决策的无权控制，从而全身而退。

沟通箴言

借用别人的意思来拒绝他人，对他人表示爱莫能助，会获得他人的谅解与理解，对方自然也就不会再强人所难了。

巧下逐客令，不伤感情的拒绝法

现实生活中有很多不如意的事，比如当你下班后吃过饭，希望能静下心来看看书或做点事，但总有些不请自来的好聊分子来叨扰你。他可能会絮絮叨叨，没完没了，一再重复你毫无兴趣的话题，越说越起劲。你勉强敷衍，却又焦急万分，想下逐客令却又担心伤感情，难以启齿。

但是，如果你经常这样委屈自己“舍命陪君子”，你的时间就会被别人这样无情地浪费掉。此时最好的方法就是运用高超的语言技巧，将“逐客令”说得美妙动听，做到两全其美，既不挫伤对方的自尊心，又能让其知趣离开。也就是说，要将逐客令下得充满人情味。

1. 以婉代直

你可以用婉言柔语来提醒、暗示滔滔不绝的人，自己并没有多余的时间来与他闲聊。与冷酷无情直接拒绝的方法相比，这种方法更容易让对方接受。

比如：“今晚我有空，咱们可以畅谈一番，不过明天我就要全力以赴地写评职小结了，争取这次能评上优秀教师。”这句话的含义就是“请你明天不要再来打搅我”。

再比如：“最近我太太的身体不太好，吃过晚饭就想睡觉，咱们是不是说话稍微轻声点？”这句话的商量口气其实在传播一个十分明确的信息：“你的高谈阔论会影响我太太的休息，你还是少光临为妙。”

2. 以热代冷

用热情的语言和周到的招待来代替冷若冰霜的表情，让好聊者在“非常热情”的主人面前感到今后不好意思多登门。每当闲聊者登门，你就笑脸相迎，沏好香茶，捧出点心、水果，对他客气有加，这样他下次就不敢贸然再来。一般来说，如果你总是用接待贵宾的高规格来接待他，他就不敢总是以贵宾自居。

实际上，过分热情的实质无异于冷待。这就是生活辩证法。但以热代冷，既不失礼，又能达到逐客的目的，效果之好，不言自明。

3. 以疏代堵

喜欢闲聊的人，大多是想用嚼舌来消磨时间，原因在于他们既无大志又缺乏高雅的兴趣爱好。如果改用疏导法，让他能有计划地完成一些事情，他就无暇光顾你这里了。显然，以疏代堵的方法能从根本上防止闲聊者上门干扰。

如果他是青年，你可以用激励的方法疏导他，比如跟他讲：“人生一世，多学些东西是很有必要的，有真才实学才能过上更好的生活。你不妨多抽点时间学点你感兴趣的东西，充实自己。”如果他是老年人，可根据他的条件，诱导他培养某种兴趣爱好，如养花、读书、练习书法等。你不妨对他说：“您的毛笔字那真是有功底，如果能再上一层楼，完全可以参加全市的书法大赛啦！”这话一定会让他欣喜万分，跃跃欲试。一旦他有了兴趣，恐怕你请他来他都不会来了。

4. 以攻代守

这种方法就是用主动出击的姿态堵住闲聊者的登门来访之路。先了解一下对方一般会在什么时候来你家，然后不妨在他来访前一刻钟“杀”入他家。这样，你就由主人变成了客人，他则由客人变成了主人，你也就掌握了交谈时间的主动权。你去的次数一多，他总是被你给黏在家里，本来打算去你家的习惯很快就会改变。一段时间后，他很可能就不再重蹈覆辙。以攻代守，先发制人，这是一种特殊形式的逐客令。

总之，在拒绝他人时，我们也需要保持风度。即使你是在拒绝别人，也应努力以一种平静而庄重的神情讲话。因为在一般情况下，面对客气的拒绝，人们大多会给予理解。

沟通箴言

拒绝别人是件不太容易的事，但必要的时候还是需要拒绝的。为了让拒绝不那么冷冰冰，我们可以改善拒绝的方式，让被拒绝者不失面子。

正解幽默，拒绝他人的表白

能够得到别人的爱是你的一种魅力，而能够巧妙地拒绝别人的爱也是你的一种魅力。你的拒绝如果能够加上你用心的一点儿幽默，就会让人在笑声中感受到你体贴入微的温暖。

人有爱的权利，自然也有不爱的权利。当有人向你表白，希望与你恋爱，而你并不喜欢对方时，当然要拒绝了。但是，拒绝对方的言辞是需要委婉恰当的。倘若你的言辞过激，不仅会伤人自尊，还可能使对方因爱生恨；而倘若你的言辞过于隐晦，又容易让对方心存幻想，继续与你做无谓的纠缠。因此，恰当地把握拒绝的分寸是十分重要的。我们先来看看下面这位姑娘的表现。

经典案例

有一个小伙子向一位姑娘表达爱慕之情。

姑娘问："你真的爱我吗？"

小伙子："是的，我敢对天发誓……"

姑娘："那你用什么表示呢？"

小伙子："用这颗赤诚的心。"

姑娘委婉地说：“对不起，你是唯‘心’主义者，我可是唯‘物’主义者啊！”

小伙子所讲的“赤诚的心”，同唯心主义和唯物主义的哲学名词原意是毫不相干的。姑娘在这里把它们反常地联系在了一起，使人感到非常谐趣新奇之余，也将拒绝的意思表达得很清楚了。

有些人也会采用幽默的语言来求爱。在这个时候，被追求的一方如果要拒绝对方的求爱，更应该幽默以对，这样既能够达到自己拒绝的目的，又不至于伤了求爱者的自尊。

经典案例

钢琴师向同乐团的一位姑娘求爱，情书上写道：“你的皮肤像白色琴键那么白净，你的头发像黑色琴键那么黑亮，你在我眼里，是世界上最美的一架钢琴。”

那位姑娘回复道：“可是我是拉小提琴的，而从你的身材看来，很像大贝斯（低音提琴，样式笨大），我担心我们琴瑟不谐呀。”

姑娘针对钢琴师充满职业特性的求爱信，采用同样充满职业性的方式予以拒绝。由琴瑟“和谐”到琴瑟“不谐”，拒绝的语言也透出高雅的气质。

在现实生活中，你也许会遇到追求你的人，为防患于未然，如果你不喜欢对方，最好尽早对此婉言谢绝，让对方明白你的心思，放弃对你的追求。

经典案例

护士小林长得漂亮又机灵，大家都很喜欢她。这天下班，办公室年轻的李医生对她说：“小林，一起去吃饭好吗？我有一件很重要的事想跟你说。”

小林立刻就明白了“重要”的含义。于是她笑着说：“好啊！我也正好有事情要你帮忙呢。”

李医生一听高兴极了，放松了心情说：“行，只要是帮你的忙，我一定两肋插刀。”

小林又笑了：“可没那么严重。只不过是我男朋友脸上长了几个青春痘，想问你怎么治疗效果比较好。”

运用这样幽默含蓄的拒绝方法，通常情况下都很有效，能够使对方不损颜面地知难而退。在爱情的角力之中，被拒绝的一方难免会有受伤的感觉。倘若拒绝的一方能够大方地安慰一下，则是最好不过的了。

例如，一位漂亮的姑娘在拒绝一名男子的求爱后，安慰他说：“不过，你不必太过于悲伤，我会永远欣赏你的好眼光。”

以一种赞许的姿态看待别人的爱慕，不仅是有良好教养的表现，也是十分得体的做法。拒绝别人是一种与人相处的艺术。幽默地拒绝别人，既不会令人难堪，又可以很好地表达自己的意思。

沟通箴言

每个人都不希望被他人拒绝，如果可以，当你要拒绝他人时，请你试着将拒绝的话包装一下，尽量让它不那么犀利，不那么伤人。

第九章

沟通有禁忌，小心祸从口出

所谓“一句话能成事，一句话也能坏事”。在与人沟通时，如果毫不避讳，很容易说错话，得罪他人，从而使沟通陷入禁区，也给自己带来不利的影响。所以，我们一定要管住自己的嘴巴，小心祸从口出。

不谈对方忌讳的话，这不仅是沟通的艺术，更是个人修养的直接体现。

别把沟通当儿戏，出言无忌要不得

在社交场合，我们要根据不同的情况说不同的话。在说话时一定要慎重，不该说的千万不能信口乱说。

不论是在生活中还是在工作中，与人沟通时，都要注意说话的方式，以免陷入谈话的误区，冒犯他人。

经典案例

古时候，有一位财主过大寿。在寿宴上，客人同说“寿”字酒令。

一人说“寿高彭祖”，一人说“寿比南山”，一人说“受福如受罪”。

众客道：“这话不吉利，而且此‘受’字非彼‘寿’字，该罚酒三杯，另说好的。”

这位客人喝了酒，又说道：“寿夭莫非命。”

众人生气地说：“生日寿诞，怎可说此不吉利话。”

这位客人自知失言自悔道：“该死了，该死了。”

只见在一旁的财主脸色铁青，一言不发。

由此可见，如果我们说话时不加注意，就可能伤人败兴，引起误解，惹怨招怒，甚至可能引火烧身。所以，我们说话时一定要注意场合、对象、气氛等，不要口不择言，张口就说。时刻谨记“修其辞而立其诚，谨于言而慎于行。绝不轻于言，击必有中”，这是一种良好的生活态度和习惯，对事业的成功和生活的美满都大有裨益。

经典案例

李梅找到了一份在饭店做服务员的工作，却只上了一天班就被老板辞退了。其实她的条件并不差，也没有做错什么事，只是不小心问了一句不该问的话。

那天，李梅刚一上班，店里就来了三位客人，她随即拿出菜单，让这三位客人点餐。第一位客人点的是糖醋里脊，第二位客人点的是宫保鸡丁，第三位客人点的是京酱肉丝，但是，他特别强调要用干净一点儿的杯子倒啤酒。

很快，李梅将这三位客人所点的菜端了出来，一边朝他们坐着的方向走来，一边还大声地问道：“你们谁要用干净一点儿的杯子盛酒？”

就因李梅的这一句话，老板毫不客气地向她下了辞退令，因为她的问话使老板脸上无光。

可见，在社交场合中与人讲话，要根据不同的情况说不同的话，同时在说话时要慎重考虑哪些话该说，哪些话不该说。

总之，话语乃世上最好的东西，因为它能够带来各种你想要的成果；但是它也是世上最不好的东西，因为它也能够带来灾祸。如何运用，就在于你自己。

沟通箴言

性格直率并不代表什么话都要说，如果你出言无忌，很可能会冒犯、开罪他人，引起不必要的争端，也给自己带来困扰。

三思而慎言，不逞口舌之快

古人在谈及人生和历史的经验教训时，多次谈到这样一句话，即“君子慎言，祸从口出”。就是说，作为一个君子，不要对事妄加评说，有些事自己明白就行，有些话能不说就不说，实在没办法，闲扯几句，也就过去了。话说多了，往往会有失误。

我们也总是这样被教导，说话要注意方式，有时候话说得多了且方式不对，听的人就会觉得厌烦。因此，在日常的沟通中，一定要注意话要说得少且巧，让听话的人轻松接受你的意见或者建议，而不至于产生厌烦的感觉。

实际上，说话又是很容易的事情，正因为是很容易办到的事情，所以才更要慎重。有的人到处随口乱说，想说什么就说什么，结果话一出口就伤人，得罪了人自己还不知道。长此以往，无形中就给自己设置了很多障碍。

如果说出的话对人对己是没有益处的，那还不如不说，与其说出来增加不必要的麻烦，不如沉默是金。因此，说话之前一定要三思，话到嘴边停一停，要首先想明白自己要说的话是好话还是坏话。

有智慧的人总是会管住自己的嘴巴，防止自己说错话。

经典案例

一个人急急忙忙地跑到一位哲学家那儿，一见面就说："我有个消息要告诉你……"

"等一等，"哲学家打断了他的话，"你要告诉我的消息，用三个筛子筛过了吗？"

"三个筛子？哪三个筛子？"这个人不解地问。

"这三个筛子，第一个叫真实。你要告诉我的消息，是真实的吗？"

"不知道，我是从街上听来的……"

"现在你用第二个筛子。你要告诉我的消息如果不是真实的，至少也应该是善意的。"

那人踌躇地说，"不，正好相反……"

哲学家又打断了他的话："那么你再用第三个筛子。我要问你，使你如此激动的消息是重要的吗？"

"不算重要。"那个人很不好意思地回答。

"既然你要告诉我的话既不真实，又非善意，更不重要，那么就别说了吧！如此，那个消息就不会干扰你和我了。"哲学家说道。

有些人就是喜欢这样，平时不能够堂堂正正、诚实善良，却喜欢整天道听途说、搬弄是非，为一些鸡毛蒜皮的小事喋喋不休。这不管对说话的人还是听话的人来说都是一种困扰，是没有益处的。

因此，在说话前请慎重地考虑一下，你所说的话对事情的进展是否有利，或者能否达到自己想要的目的和效果，请你尽量成为止住谣言的智者。

经典案例

宋朝益州有个叫张咏的人，听说寇准当上了宰相，便对部下说：“寇准奇才，惜学术不足尔。”这句话一语说中了寇准的弱点。原来张咏与寇准是至交，对寇准的劣势自然比较清楚，为了能帮老朋友及时改掉这个缺点，张咏很想找个机会劝劝寇准多读些书，他毕竟身为宰相，其作为关系到天下的兴衰，学问理应更多一些。

恰巧不久，寇准因为一些事情到了陕西，而刚刚卸任的张咏也从成都来到了这里。他乡遇故知自然格外高兴，寇准专门设宴款待，二人畅饮了一番。相聚过后在郊外送别临分手的时候，寇准问张咏：“何以教汝？”张咏对此其实早已有所考虑，正想借此机会劝寇准多读一些书，话刚要出口，又觉得现在的寇准已是堂堂的朝中宰相，居一人之下，万人之上，毕竟身份悬殊，他怎么好直截了当地说一个宰相没有学问呢？于是张咏略微沉吟了一下，慢条斯理地说：“《霍光传》不可不读。”

当时听到这句话，寇准并没有立即明白张咏说这话的意思。回到相府，寇准立刻找出《汉书·霍光传》，从头到尾仔细地阅读了一遍，当他读到“光不学亡术，谋于大理”时，突然明白了老友的意思，于是自言自语地说：“此张公谓我矣！”（意思是“这大概就是张咏要对我说的话吧！”）

当年霍光任大司马、大将军要职的时候，地位就相当于宋朝的宰相，他辅佐汉朝立下了很多功劳，但是因为学问不高，受圣人的熏陶不足，难免不明事理。霍光的这些特点与寇准有某些相似之处，张咏说《霍光传》不可不读的意思其实就想要借此书告诫寇准多读一些书，多明一些事理，以便更好地辅政。

反过来想一想，当时如果张咏的话说得太直，对刚刚出任宰相的寇准来说，面子上肯定不好过，而且这话传出去还会影响寇准的形象。张咏了解寇准是个聪明的人，便简单地给了一句“《霍光传》不可不读”的赠言让其自悟，让当朝宰相愉快地接受了建议。

因此，在说话办事的时候，要记住这样一个原则：在任何地方和场合，开口之前必先三思。

沟通箴言

我们都知道做事要“三思而后行”，其实与人沟通也要“三思而后言”。如果你急于表达自己的想法，而不注重说话的方式，很可能不小心就说错了话，为自己带来麻烦的同时，也会不经意地伤害了他人。

沟通不是争吵，请别说伤人的恶语

无论是谁，当事情进展不顺利时，我们往往忍不住责怪别人。我们会认为，找出别人的错或许能使我们好受一点儿。但也可能我们是这样想的：我不好过，你也别想好过。

破坏性的语言，往往会产生破坏性的结果。在我们每个人都曾经历过的沮丧时刻里，如果我们不能对人说有益的好话，那我们最好什么也别说。要知道，除了会给周围的人造成不必要的痛苦之外，从我们口中说出的那些消极性的话语往往只会使问题变得更加复杂。

经典案例

大卫的父母离婚后，他被判给了母亲，由母亲来抚养照顾他。由于手头拮据，母子二人只好搬到另一个城市去。于是大卫要到一所新的学校去上课，并开始重新结交新的朋友。这些变化让他伤透了心。

他开始对那些父母没有离婚的孩子感到反感，并且经常无缘无故跟人打架。在这种痛苦的生活中，他养成了对人过分苛求的习惯。他几乎对谁都没有一句好话。

一天，有个对大卫的情况十分了解的同学走到他身边。“我父母也离婚了。”他轻声地说，“我知道你心里难受，不过，你得抛弃你的怒气和痛苦。你跟别人过不去，这只能伤害你自己。要是你没法说点儿什么好话，那你最好什么也别说。”

由于痛苦，大卫最初的确很难接受这位同学的建议，但随着情况变得越来越糟，他开始对自己的谈吐变得谨慎起来。他经常把马上就要冲口而出的话咽回去，若是在以前，他的这些伤害人、挖苦人的话简直是没遮没拦的。他开始意识到他从前对身边同学的关心是多么不够。随着了解越来越多，他开始明白，像他一样遭受家庭变故的孩子有很多，许多孩子也经历过令人难堪的家庭解体。大卫开始想办法去鼓励他们，帮助他们处理好自己的痛苦与茫然。到学期结束时，大卫的态度产生了180度的大转变，并获得了那些当初由于他管不住自己的脾气而与他疏远了的同学的好感。

我们没有任何理由去说粗野和伤人的话，哪怕是我们在生活中遇到了难以应付的挑战,也没有道理这么做。正如上面实例中的大卫，虽然受到许许多多他无法理解、无法解决的感情和情绪的折磨，但他终于还是发现，贬低和伤害他人并不是解决问题的办法。通过富有理解的言辞，或干脆怀着同情听别人说话，他终于学会了帮助他人；反过来，他又受到了周围人们的帮助，而他终于在自己身上找回了生活的勇气。

沟通箴言

“良言一句三冬暖，恶语伤人六月寒。”你说出去的伤人的话，会让对方的心上多一道伤疤，很难真正地抚平。所以，请你管好自己的嘴，不该说的不要说，更不要对人恶语相加。

不做流言的“传声筒”，沟通中少谈些是非

在背地里议论别人的是非，绝对不是所谓的“交流”或“分享”，而是个坏习惯。相信每个人都玩过“传话游戏”，大家围坐一圈，一个人低声对旁边的人说一句话，一直重复直到传完一圈。最后的话往往已经不是最初的那句了。有时尽管你是在重复真理，但也会走了样。

经典案例

贝蒂是一名才能颇佳、青春靓丽、为众人所认可的员工。因为她对工作的态度十分积极，公司一度考虑将她提升到管理层。然而，她却有一个致命点——经常与他人议论各种消息。当然，并非全部都是负面性的流言蜚语，但至少大部分是。

无论喜欢与否，你都可以确定她必然会四处散布“新闻”。她视自己为公司的新闻发言人，这已然成为她与人沟通的首选方式。看似无害的习惯却变成了她职业生涯的祸端。

在公司看来，她喜欢四处传播流言的毛病对公司隐私的威胁，远远超过了她个人的价值。他们感觉贝蒂并不值得信赖，如果晋升她的职位，新岗位上诸多敏感信息万一被泄露出去又该怎么办？最终，她的

“大嘴巴”剥夺了自己的晋升机会。

许多年以后，她仍然坚持不懈地创造着令人瞩目的业绩，早已具备晋升的各种技能与才干，但是直至被开除的那一天，她仍然待在原岗位上。她永远想不明白为什么自己总是与升迁擦肩而过，即使她的资历远高于他人。

如果我们不能为别人说好话，那就什么都别说。如果你因某人某事产生困扰，可以直接和他们交涉，没有理由去和其他人讨论，这不会带来任何正面的影响。你埋怨别人，那个有问题的人却不知道原来还有问题存在，也就不能做出相应的调整。只有和问题中心人物交谈，而不是与别人闲话，你才能真正解决问题。

一旦我们开始谈论别人以及他们的缺点，所有伤害人的话语就会轻而易举地从舌尖跳出来，我们甚至意识不到自己说了些什么，却在无意中让某人背上了莫须有的罪名。因此，我们要牢记以下几点事项：

1. 不参与“我听说”

请你想一想，有多少次谈话是以“我听说……”为开头，以否定别人为结尾。我们永远都不应该以此为谈话的开始，或者参与到类似的谈话中去，除非我们要赞扬某人。

另外，如果散播谣言，我们会失去真正的朋友，拥有的只会是那些同样散布谣言的“同道中人”。

2. 不传播闲话

当你听到关于某人的吃惊消息时，抵制自己想转述的冲动吧。我们要发扬自我抵制的品质，尤其是在有人说闲话的场合。只有这样，我们才能避免负罪感，避免事后责备自己。

当你散播有关同事、老板及公司的流言时，也许自己只是感觉好玩而已，但是事实上，你已经为自己制造了一种“不值得信赖”的危机，而且这种危机会伴随你在公司的每一天。如果你的主管或上司在休息室中看到你在八卦，他们立刻会认为你是在他人背后飞短流长，随即便会感觉到，在他人面前你亦是如此议论他们的，这乃是人之常情。

流言蜚语会传遍公司的每一个角落。当这些话语传到当事人耳中时，他自然而然希望获悉此话从何而来，一旦你的名字上了对方的黑名单，你就等于又为自己树立了一个秘密敌人，其他人对你也不会有丝毫好感。

沟通箴言

不在背后说他人是非，这是品行高尚的体现。古人云：“静坐常思己过，闲谈莫论人非。”我们要控制自己的情绪，不传播他人的流言，不诋毁他人，为他人、也为自己带来一份正能量。

与失意人交谈，切记勿谈得意事

无论是在工作中，还是在生活中，当你恰逢喜事的时候，不能光顾着自己高兴，还要注意是否有一些人不高兴。相对你而言，这些不高兴的人就是失意的人。在失意者面前，不管你如何“人逢喜事精神爽”，都一定要有意识地压制一下自己心中得意的小火苗。

在工作中，如果你事先知道自己因工作出色而要升职加薪了，在上司未公布之前，一定不要在办公室里四处宣扬，或故作神秘地对关系密切的同事细诉。这是为什么呢？因为你升职了，就意味着某些同事的升职希望破灭了，而你的显摆自然会引发他们的忌妒之情，甚至会给自己招惹来不必要的麻烦。

如果你是一个女孩，在交男朋友的时候也是如此，即使你找到了一个称心如意的金龟婿，也不可以在朋友面前过分炫耀。因为并不是所有人都像你一样幸运，在你的朋友中自然也有一些恋爱并不是太顺利的人，你的炫耀只会让你失意的朋友远离你。

经典案例

最近一段时间，红红的心情不太好，因为公司裁员，她失业了。她

的好朋友、同学兼同事玲玲的工作倒是非常稳定，最近又被提升为部门主管。同学聚会，红红本来不想去的，但是被玲玲硬拉过去了。当大家闲聊时，玲玲向大家宣布自己得到了提升，并主动承担全部聚会费用。此时，整个聚会成了玲玲的庆功宴。在大家的掌声中，红红悄然退出，她觉得自己受到了很大的侮辱。从此以后，红红再也没有和玲玲来往。

通常而言，我们不隐瞒自己遇到的好事是正常的，但若因为自己的兴奋过度而伤害朋友的自尊心，那就不对了。

法国著名的启蒙思想家孟德斯鸠说过："我从不歌颂自己，我有财产，有家世，我花钱慷慨，朋友们说我风趣，可是我绝口不提这些。固然我有某些优点，而我自己最重视的优点，就是我谦虚……"这句话的意思是，当一个人在人生得意的时候，更应该懂得谦虚慎言。

高情商的人都清楚，得意时不要太张扬。当你有了得意之事，不管是升了官，发了财，还是事业上一切顺利，切记不要在不合适的人面前谈论。如果你知道某人正处在失意当中，那就更不能在他面前大谈特谈你的得意之事了。此时，闭口不谈显然是最好的选择。

有许多人可能会有这样的困惑：一个人正值得意的时候，为什么不能谈论自己得意的事情与他人分享呢？何况这些事情是自己很努力才得以实现的。

有这种想法很正常，无可厚非。但是，你谈论时要看场合和对象。比如，你可以在公开的演说场合大谈你的工作业绩，对你的员工大谈自己的工作理想，享受他们投给你的钦羡目光，但不应对在职场上失利的朋友谈你的得意之事。

在失意的人面前，保持低调会让你获得他人的认可与尊重。因为失意的人这时候心里是最脆弱的，也是最多心的，你所说的有关自己得意事情的每一句话在他听来都充满了讽刺与嘲笑，他会觉得你是在故意激怒他，从而会对你产生怨恨心理。

事实上，得意之时的慎言不仅是成功的要素，还是获得人心极好的方式，低调者越不在众人面前显示自己，就越容易引起别人的认同，得到别人的赞扬和支持。相反，你在得意时越夸耀自己，别人越回避你，越在背后谈论你的自夸，甚至可能因此而怨恨你。

沟通箴言

真正聪明的人绝不会恣意炫耀自己的得意之事，也不会自我沉浸在得意的荣誉中，而是会继续努力去做那些需要做的事。低调做人，高调做事，这也是为人处事的基本原则。

不揭人之短，不说他人的忌讳

耻笑讥讽的语言是一把双刃剑，在伤害别人的同时，也会伤害到自己。古人云："唇齿之伤，甚于猛兽；刀笔之烈，惨于酷吏之刑。"所以，我们在说话时一定要注意。

每一个人都有自己的忌讳，也就是常说的"短处"。鲁迅笔下所描绘的阿Q、孔乙己、祥林嫂都是我们大家所熟悉的人物，他们虽然性格各异，但在他们身上有一个共同的特点，那就是都有一处最怕人触动的"短处"。

阿Q最怕的就是有人说他头上的疤，谁要是犯了这个忌讳，他准会去找人家拼命，小D就曾因此领教过他的拳脚；孔乙己最怕人揭他的短，如果有人这样做了，他便涨红了脸，强词夺理、竭力争辩；祥林嫂的忌讳是她嫁过两个男人，这是她精神上最大的负担和面子上最大的耻辱，她捐过了门槛后，本以为自己变成了干净女人，动手去拿供品，但四婶大喊一声，使她旧病复发，精神崩溃了。

人们之所以有忌讳，怕别人揭自己的短处，说到底是自尊心的问题，怕脸面上过不去。所以，你若想获得朋友，说话千万不能口无遮拦，一定不要触动他们的短处。

经典案例

古代有一则故事，说的是有一个叫鱼子的人，生性古怪，对人尖酸刻薄，总好揭人短处并以此为乐事。

有一天，朋友们坐在一起吃酒，其中一个叫吴丑的因老婆管得太严厉而不敢多喝。鱼子便吵吵嚷嚷地说："你们知道吴丑为什么不敢吃酒吗？是他的老婆管教得太严了，有一次，吴丑喝醉了酒，还被老婆打了几个耳光呢！"吴丑被鱼子当众揭了短，恼羞成怒，拂袖而去，大家不欢而散。

生活中像鱼子这样的人不乏其人，他们似乎认为，只有揭了别人的"短"，才足以证明自己的"长"，以此来获得心理上的满足。殊不知这样的结果只能使人们对他们避而远之。

有一定修养、品德高尚的人是从不揭人之短的，这样的例子在历史上比比皆是。人们对于自己的忌讳，通常极为敏感。由于心理作怪，往往把别人的无意当成有意，把无关的事主动与自己相联系。有时，你随口谈一点儿什么事，也很可能被视为对他的挖苦和讽刺，正所谓"说者无意，听者有心"。因此，我们不仅应避免谈论别人的忌讳，同时也应注意不要提及与其忌讳相关联的事物，以免造成对方的误会，以致使他的自尊心受到无谓的伤害。

在日常生活中，诸多言辞并不是我们非说不可的，因此，既没有必要唇枪舌剑，也没有必要信口开河。有些话语，说得多了，不但不会获得任何好处，反而会招来许多是是非非。因此，我们要把握好说话的分寸，不羞辱他人，不当众揭人短处，开口说话之前要先过下脑子。这样你的话语才不会伤害他人。

沟通箴言

在与人交谈时，说他人的忌讳，揭他人的短处，犹如在他人的伤口上撒盐，会让人更加受伤。而且，此举并不会显示出你多么有能力，反而会让别人对你敬而远之。

后记

POSTSCRIPT

高情商沟通指的不仅仅是能说会道，而是知道在什么时候说什么话，知道哪些话不该说、不能说，懂得把握说话的分寸。会沟通的人既有伶牙俐齿的一面，也懂得沉默是金的道理，他们通情达理的说话方式会给人留下深刻的印象，也会给自己带来意想不到的机会。

与人沟通不只要注重“说”，也要注重“听”，只有听出了对方的言外之意，听出了对方话语中的玄机，你才能把话说到对方心里去，开启有效的沟通。

相信读过本书，你的沟通能力一定会有大幅度的提升。你要在实践中不断应用、创新，从而让你的话语更具魅力。